秒杀错别字

饶书琼　编著

贵州出版集团

贵州人民出版社

出版说明

　　兴趣是最好的老师,知识的学习更是如此。如果学习者缺乏兴趣,阅读就将是一个枯燥无味的过程,轻松快乐的学习也就无从谈起。基于这样的事实,本着"兴趣阅读、快乐学习"的理念,我们经过深入调研,与国内的众多专家学者及一线教师全力合作,为所有希望将学习变得轻松愉快的朋友奉献上"快乐阅读"书系。

　　"快乐阅读"书系,以知识的轻松学习为核心,强调阅读的趣味性。它力求将各种枯燥无味的知识以轻松快乐的方式呈现,让读者朋友便于理解接受。它的各种努力,只有一个目标,即力图将知识学习过程轻松化、趣味化。读者朋友在阅读过程中,既能保持心情愉快,又能学有所得。在轻松愉快的氛围中学习,让知识学习成为读者朋友的兴趣,本身就是提高学习效率最有效的途径。

　　"快乐阅读"书系首批图书分为"语文知识"、"作文知识"、"数学知识"、"文学导步"、"文学欣赏"、"语言文化"、"个人修养"七大板块,各个板块之下又有细分。英语、生物、化学等相关的知识板块将会在以后陆续推出。针对不同学科知识的特点,本书系以不同的方式来达到轻松快乐的目的。要么是以故事的形式,在故事的展开之中融入相关知识;要么是理清该知识点的背景,追根溯源,让读者朋友知其然,更知其所以然,让理解更为轻松。总而言之,就是以最恰当的方式呈现相关的知识。

　　希望这套"快乐阅读"书系能陪伴每一位读者朋友度过美好的阅读时光。

编　者

2020 年 10 月

目　录

---

① 注:括号内为常见错误写法。

秒杀错别字

秒杀错别字

开场白

相信大家都主动或被动地参观游览过秩序井然的"词典王国",也曾有意无意地"硬闯"过"错别字城堡",如果您有以下感觉,那么您可能是遇到城主给您设置的"魔障"了。您在城堡里有没有一种怎么溜达、怎么迷路的经历呢?有没有觉得"鬼鬼祟祟"与"鬼鬼崇崇"、"各司其职"与"各施其职"、"貂蝉"与"貂婵"分不清楚?有没有越粗心、越出丑的体验?无论您的体验是快乐的、刺激的还是痛苦的,笔者都希望并且期待热爱汉语、热爱汉字的"粉丝们"义无反顾地学习关羽过关斩将的精神,即便城堡环境恐怖阴森、险象环生、陷阱多多,大家都要斗志昂扬、奋发图强,鼓起勇气力破难关,最终冲出封锁圈,逃出魔城。

为了帮助大家在误进魔城后能机智应对,奋勇闯关,最终一一破解城堡主人设置的重重错别字障碍;为了让大家能更多地、更好地学习和掌握规范的汉语字形,准确地传达所要表达的思想情感,更顺利地交流信息,摆脱在很多场合因为错别字而陷入的尴尬境地,笔者为大家准备了一套"秒杀错别字"的"武功秘籍",让您在顷刻间令错别字无处遁形。

本书是在三大经典之作的保驾护航之下面世的,它们分别是:东汉经学家、文字学家许慎所著的《说文解字》,师从戴震的清代文字训诂学家、经学家段玉裁所著的《说文解字注》以及商务印书馆出版的第六版《现代汉语词典》。本书主要摘取了初、高中容易出错的一些字词,并且对这些字词进行语音标注、汉语注释,紧接着设立了一个易混淆字词的PK环节,同时还总结归纳出了词条的近义词、反义词,最后通过"秀给你看"的环节让大家掌握词条在具体语境中的运用,从而驾轻就熟地逃出"错别字城堡"。需要补充的是,本书体例上是安排正确写法位于括号外,常见错误写法位于方括号内。另外,本书的例句大多数源自于北大语料库(CCL 语料库),极少数摘自网络。整个过程从汉字的音、形、

秒杀错别字

义等方面阐述了易错字从造字之初的本义到发展后的引申义（由原来的意义产生的新义）、假借义（指一个汉字被借为别的字而出现的与原义无关的意）等，努力搭建一座从古汉字到现代简化汉字的桥梁，为"秒杀错别字"尽一份绵薄之力。当然，笔者衷心地期待读者们在阅完此书后能减少误进魔城的次数，少些纠结，多些笃定。

A组

1. 唉声叹气 〔哀声叹气〕
——"唉声叹气"需"口"发声

汉语拼音 唉声叹气 āi shēng tàn qì

汉语释义 因伤感、烦闷或痛苦而发出叹息的声音。

结构用法 联合式;"唉声"和"叹气"是并列关系,形旁都一致,口字旁,都要发出声音,用叹词"唉"来表示叹息的声音。

字词 PK "哀",象形字,本义是一个人在悲痛的时候开口大声哭泣,有"悲痛悼念"之意。"哀"字之口表大声啼哭,强调情感上的悲痛,不是表声音上的象声词。与"哀"有关的词有:哀号(因悲痛而放声大哭)、哀鸣(悲痛哀伤或凄厉的鸣叫)、哀泣(悲伤地哭泣)、哀兵必胜(两军对垒,受压迫、处境绝望而悲愤反抗的一方必能获胜)、哀悼(悲痛的悼念)、哀鸿遍野(比喻流离失所、呻吟呼号的灾民到处都是)、哀莫大于心死(指最可悲哀的事,莫过于思想顽钝,麻木不仁)等等。

注:①词性不同:"唉"是叹词,"哀"是形容词或副词。

②意义不同:"唉"表示声音;"哀"表示情感。

近义词语 长吁短叹 垂头丧气

反义词语 喜眉笑眼 喜笑颜开 喜气洋洋

秀给你看 杨晓梅终于经受不住这种无情的攻击和诽谤。白天,她闭门拒客,唉声叹气;晚上她蒙着被子,抱头痛哭。

2. 爱不释手 〔爱不失手〕
——喜爱当然不肯"放手"(释)

汉语拼音 爱不释手 ài bú shì shǒu

汉语释义 喜欢得不肯放手,形容非常喜欢。释:放下;爱:喜欢。

字词PK "爱不释手"一词出自南朝梁萧统的《陶渊明集序》。词中"释"是"放下"的意思,而"失"的几种释义没有"放下"之意:1. 遗失:坐失良机、收复失地、流离失所;2. 违背:失约、失信;3. 没有掌握住:失言、失职、失调;4. 找不着:迷失方向;5. 没有达到:失望、失意;6. 错误:失误、失策、过失、"失之毫厘,谬以千里";7. 改变常态:惊慌失色。

近义词语 手不释卷 爱不忍释
爱不忍舍

反义词语 不屑一顾 弃若敝屣

秀给你看 从北陲的冰雪大漠到南国的椰林帆影,从巍巍的长城到雅致的皖南民居,从浩浩的黄河到飘溢着纳西古乐的丽江古城……160余幅介绍内地自然、人文风光的精美照片,令广大师生驻足流连;一份份精心制作的介绍内地旅游资源的书籍和图片,被广大师生争相索取,他们个个爱不释手。

萧统像

3. 爱戴 〔爱带〕
——敬爱及拥护与"带"无关

汉语拼音 爱戴 ài dài

汉语释义 敬爱并且拥护:爱戴领袖,爱戴伟人。一般用来形容下属对上司、晚辈对长辈、平百姓对领袖的尊敬。

结构用法 联合式;爱:敬爱,爱护。戴:尊奉,推崇,拥护。两个动词并列。

字词PK "戴"最常用的意义:在头上加放东西或用头顶着某物。后派生出"把东西放在头、面、颈、胸、臂等处"的含义,如"披星戴月、披红戴花、戴眼镜、戴项链、戴戒指"等。此外"戴"还可以表示一些具有装饰意味或某种特殊含义的动作,如"披麻戴孝"(身穿孝服或臂缠黑纱等方式表示哀悼)。

"带"字上头是"系佩之形",指束衣的腰带,系东西的带子,如鞋带;后引申为形状呈带状的物体,如海带、领带。也可以用作动词,有"带领、携带"的意思。

秀给你看 妈祖因生前扶危助困、济世救人而深受人们的爱戴,升天后又留下许多美好的传说,被奉为救苦救难的"海上女神"。

4. 爱屋及乌 〔爱乌及屋〕
——爱屋子也连带爱屋顶的乌鸦

汉语拼音 爱屋及乌 ài wū jí wū

汉语释义 本义:因为爱一处房子,也爱那房顶上的乌鸦。喻义:比喻爱一个人而连带地关爱与他有关系的人或物。说明一个人对另一个人(或事物)的关爱到了一种盲目热衷的程度。及,达到。

字词PK 把这两个字混用,是因为不理解成语的语义。汉代伏胜

《尚书大传》:"爱人者,兼其屋上之乌。"因为爱一处房子,也爱那房顶上的乌鸦。我国自古流传一种迷信习俗,以为乌鸦是"不祥之鸟",它落到谁家的屋上,谁家就要遭遇不幸,即使是看到乌鸦的身影、听到乌鸦的叫声,都被认为是不祥的。而由于爱那处房子,连带屋顶上的不祥之物也都不在意,说明对这处房子该有多么热爱呀!

近义词语　屋乌之爱

反义词语　殃及池鱼

秀给你看　亲之则爱屋及乌,疏之则熟视无睹。

5. 安居乐业　〔按居乐业〕
安装　〔按装〕
按兵不动　〔安兵不动〕

——"安定"才能乐业;把机械或器材"安置"好;压制军队暂不行动

汉语拼音　①安居乐业 ān jū lè yè　②安装 ān zhuāng　③按兵不动 àn bīng bù dòng

汉语释义　①安居乐业:比喻安定地生活,愉快地工作。安,安于;居,住的地方,住处;乐,喜爱,愉快;业,所从事的事业。②安装:按照一定的程序、规格把机械或器材固定在一定的位置上,如"安装一台印刷机"。③按兵不动:指挥官命令军队暂不行动,等待战机。指接受任务后却不执行。按:止住、压住。兵:军队。

字词PK　"安"可解作"宁静、安全、和平"(安定、安神定气),引申为"满足、心理平衡"(安分守己、随遇而安),还可以引申为"从容、稳重、慢慢地"(安步当车、安详)。做动词时有"放置、装上、加上"的意义,如"安装"。"安居乐业"出自《老子》,原文是"甘其食,美其服,安其居,乐其俗。邻国相望,鸡犬之声相闻,民至老死,不相往来"。后人把文中的

004

"安其居,乐其俗"改为成语"安居乐业"。安居乐业,就是指有个安定的住处和固定职业。即安于所居,乐于所业。《汉书·货殖传》:"各安其居而乐其业。"

"按",形声字,用手往下压,如"在墙上按图钉"。引申为"压住(按兵不动)"、"抑制(按捺不住)"。

近义词语 ①国泰民安 ③按兵不举

反义词语 ①民不聊生 ③闻风而动

秀给你看 ①文景时期之所以被称为治世,是因为文帝和景帝坚持了汉初提出的与民休息的政策,使百姓能够安居乐业。②渔船上还有"船灵魂"。它安装在水舱里,俗称"水活灵"。渔民认为船是木龙,龙行于水,有了灵魂,就能乘风破浪,一帆风顺。③大吃一惊的王军长一面将情报火速上报,一面命令按兵不动。于是松山前线阵地就出现短暂的平静和对峙局面。

6. 按图索骥 〔按途索骥〕
——照着"画像"寻找好马

汉语拼音 按图索骥 àn tú suǒ jì

汉语释义 按照画像去寻求好马,比喻办事机械死板;也比喻按照线索去寻求。按:按照。图:图像、画像。索,寻找。骥,良马。

字词PK 相传有一位伯乐,著有一本《相马经》,他在书上描述了骏马的特征并配有图画。伯乐的儿子先天痴傻,他懵懵懂懂地拿着《相马经》按照书上图画的样子去寻找骏马。他出门就看见书上所说的"高高的额头眼睛鼓起,蹄子像酒药饼子的"东西,他兴奋地回家告诉父亲说:"我找到一匹千里马,外形和《相马经》所言大致相同,只是蹄子不像酒药饼子罢了。"伯乐知道儿子愚笨,只是从愤怒变为笑说:"这马喜欢跳,不能驾驭。"亲,你知道伯乐的儿子找到的是什么吗?是一只大蟾蜍。后来"按图索骥"用来比喻办事机械、死板,用于贬义,也可以用来

比喻按照线索寻找。

近义词语 照本宣科　生搬硬套

反义词语 不落窠臼

秀给你看 此外,旅游发展局正筹备编印一本《香港星、影、情》的电影地图,旅客可按图索骥,到著名电影的取景场地浏览,以感受电影情节中的气氛,探索地道的香港特色的生活风貌(此句用的是第二种意思:按照线索寻找)。

7. 暗无天日　〔黯无天日〕
黯然销魂　〔暗然销魂〕

——日无光则"暗";心怀沮丧似丢魂,脸色自然"黑沉"

汉语拼音 ①暗无天日 àn wú tiān rì　②黯然销魂 àn rán xiāo hún

汉语释义 ①暗无天日:昏暗得看不到天上的日光。形容在反动势力领导下社会的黑暗或形容没有亮光,十分幽暗。②黯然销魂:黯然:心情抑郁沮丧、面色难看的样子;销魂:灵魂离开肉体,失魂落魄。心情沮丧得好像丢了魂似的。形容非常悲伤或愁苦。出自梁代江淹《别赋》:"黯然销魂者,惟别而已矣。"

字词PK "暗"的本意是"日,无光也",是从视觉的角度阐述光线不足或没有光线,不够明亮,黑暗。引申出"暗地里、私底下、秘不公开的"。

"黯"是指心情抑郁沮丧、面色难看的样子,是从心理层面感知到的心里不舒服的低落情绪,这种情绪再显现在脸上的表情。如黯然

江淹雕像

失色(本指心情不好,脸色难看;后多用来形容两种事物相形之下,其中一种很有差距,显得逊色)、黯然泪下(形容心情沮丧、难过得一直掉眼泪)、黯然神伤(形容由于心情沮丧而面带感伤的神色)等。

近义词语 ①昏天黑地 ②黯然神伤

反义词语 ①尧天舜日 ②心旷神怡

秀给你看 ①傍晚,我们到了省城,看到灯光辉煌,高楼栉比,秩序井然的熟悉的城市生活场景,我仿佛进行了一次时间旅行,从暗无天日的旧社会又回到80年代的社会主义新中国。②"黯然销魂者,别而已矣"。遥想古人送别,也是一种雅人深致。古时交通不便,一去不知多久,再见不知何年,所以南浦唱支骊歌,灞桥折条杨柳,甚至在阳关敬一杯酒,都有无尽的离别深情。

8. 嗷嗷待哺〔敖敖待哺〕

——无口难发"嗷嗷"声

汉语拼音 嗷嗷待哺 áo áo dài bǔ

汉语释义 嗷嗷待哺:原意指小鸟饥饿时叫着,等待母鸟来喂食。后多形容婴儿刚出生时期待母亲哺育的样子,或比喻处境极为困难,亟待救助。

字词PK 嗷嗷:哀鸣声,待:等待,哺:喂食、喂养。刚刚出生的小鸟或婴儿肚子饿了,期待母亲哺育自己,会发出叫声或听着像"嗯嗯哈哈"的声音,和声音有关系,要加上"口"字旁。后多比喻饥饿时急于求食的样子,也比喻处境极为困难,亟待救济、援助。敖敖:指人长得比较高大、修长。

近义词语 饥寒交迫 啼饥号寒 嗷嗷待食

反义词语 丰衣足食 家给人足

秀给你看 人到中年,上有老,下有小,孩子嗷嗷待哺,妻子愁眉苦脸,丈母娘长吁短叹。作为家里的顶梁柱,我理应将生活的重担肩上挑,可不能让妻儿老母唉声叹气,怨天尤人。

B组

1. 罢黜百家 〔罢绌百家〕
——"黑"着脸让"百家"噤声

汉语拼音 罢黜百家 bà chù bǎi jiā

汉语释义 "罢黜百家,独尊儒术"的主张是董仲舒于元光元年(公元前134年)提出,汉武帝开始实行。该思想已非春秋战国时期儒家思想的原貌,而是掺杂道家、法家、阴阳五行家的一些思想,是一种与时俱进的新思想。它维护了封建统治秩序,神化了专制王权,因而受到中国古代封建统治者推崇,成为两千多年来中国传统文化的正统和主流思想。

字词PK "黜",贬下也,形声字。"黜"是指降职或罢免,读为 chù,如:黜免(罢免官职)、黜升(官吏的罢免与升迁)、黜放(革职放逐)、废黜、黜退(免除职务)。"绌",形声字,本义是指"不足,不够",读为 chù,如:支绌(款项不够分配)、相形见绌(相比之下显得不足)。

反义词语 百家争鸣

秀给你看 秦始皇统一中国后实行焚书坑儒,百花齐放、百家争鸣的学术繁荣局面结束了。后来到了汉武帝，采取"罢黜百家、独尊儒术"的新政策，使儒家思想成为正统，影响了中国两千多年。此时的儒家思想已经过改造，将儒、道、法、阴阳诸家学说融为一体，相互吸收、融汇合流。其后，儒家学说又不断被改造，出现了宋明理学、陆王心学、乾嘉朴学等，这些都对中国人的心理、观念、习惯、行为方式产生了较大影响。

2. 稗官野史 〔裨官野史〕
纵横捭阖 〔纵横稗阖〕
——"稗"官野史杂草生；纵横"捭"阖耍手段

汉语拼音 ①稗官野史 bài guān yě shǐ ②纵横捭阖 zòng héng bǎi hé

汉语释义 ①稗官：古代的一种小官，专给帝王搜集街谈巷语，道听途说，以供省览，后来称小说为稗官，泛称记载逸闻琐事的文字为稗官野史。指旧时的小说和私人编撰的史书。②纵横：指合纵和连横；捭阖：开合，原指战国时策士游说的两种谋略。形容气势宏阔，无拘无束。后意为以辞令测探、打动别人，在政治和外交上运用联合或分化的手段。

字词PK "稗"，本义是指稻田里的一种杂草，又称稗草、稗子，它的果实可酿酒或做饲料，读为 bài。"稗"为有害水稻的杂草，叶似稻，节间无毛，杂生于稻田中，有害于稻子的生长，广布全球温暖地区。此外，"稗"字也可以用为形容词，比喻微小、琐碎、非正统的，如："稗官野史"，泛指记载逸闻琐事的文学作品。"稗官"，古代小官，专给帝王述说街谈巷议、风俗故事，后来称小说为稗官；"野史"指不是官家编撰的史书。

"裨"，形声字。"卑"意为"代表物"。"衣"与"卑"联合起来表示"帝王礼服的替代品"。本义是"帝王礼服的替代品、次等礼服"，读为 pí。在古代，帝王前往前代帝王宗庙礼拜前，会派出先行官员，身着次等礼服，前往拜祭。过几天，帝王本人才正式出场拜祭。由"古代的次等礼服"引申为"副，偏，小"之意，如：裨将、偏裨、裨职。"裨"还可读作 bì，

意为"增添，补助"，如：大有裨益、裨补。

"捭"，两手击也。本义是指用两手横向对外旁击，读为 bǎi，引申为"分开，掰开"。"捭阖"就是开合之意，"阖"，关闭。"纵横捭阖"出自于汉代刘向《战国策序》："苏秦为纵，张仪为横，横则秦帝，纵则楚王，所在国重，所去国轻。"纵横：合纵连横。捭：开；阖：合。捭阖：开合。战国时策士为推行合纵或连横策略而进行游说的手段，后形容在政治、外交上进行分化瓦解或拉拢的手段。"纵横开阖"起于鬼谷子，但真正的发扬光大的是他的学生苏秦和张仪。纵横者往往能在历史舞台上

刘向像

演绎属于自己的不朽传奇。诸葛亮也是一生主张联吴抗曹，毕竟唇亡齿寒嘛。在《秦时明月》这部动画片中，卫庄为横，盖聂为纵，一横一纵，决定天下谁主沉浮。春秋战国时期纵横捭阖、波澜壮阔的大历史风貌让人在无限向往的同时又无比惆怅。

近义词语　①稗官小说　②远交近攻

反义词语　①官修正史

秀给你看　①梦是虚幻的，却给人带来遐想。而"好梦成真"，是人们欢呼雀跃、渴求一得的美谈，至于"好梦难成"，则令人垂头丧气，避之犹恐不远。翻翻稗官野史，记梦之作甚多，单是一部《聊斋志异》，就记述了许许多多的梦。蒲松龄不愧是我国古代文坛的大手笔。在他的笔下，绮梦、噩梦、怀人之梦、托兆之梦以及莫名其妙的如"梦狼"之类的怪梦，无不出神入化，栩栩如生，读来使人倾倒。

3. 敝帚自珍〔蔽帚自珍〕
民生凋敝〔民生凋蔽〕

——破旧(敝)的扫帚,生活的艰苦(凋敝)都与遮"蔽"无关

汉语拼音 ①敝帚自珍 bì zhǒu zì zhēn ②民生凋敝 mín shēng diāo bì

汉语释义 ①敝,破的,坏的;珍,爱惜。把自己家里的破扫帚当成宝贝。比喻东西虽然不好,但自己的东西却是最珍贵的。②民生,人民的生计;凋敝,衰败,艰苦。社会穷困,经济衰败,人民生活极端困苦。

字词PK "敝",有形容词和动词两种词性,用为形容词指"破旧的,坏的",如:敝屣(破旧的鞋,比喻没有价值的东西)、敝鼓丧豚(击破鼓,宰杀猪以求神治病。指徒费而无益)、敝衣(破旧衣服)。用为动词指"败坏,衰败,困乏",如:敝卒(疲惫的士卒)、凋敝、经久不敝、敝肠(坏心肠,恶性情)。"敝"还可指谦辞,用于与自己有关的事物,如:敝邑(对本国的谦称)、敝房(谦词,敝室,对人说自己妻子)、敝国(自己的国家)、敝人(我)、敝姓、敝处、敝校。

"蔽",障也,隐也。用小草覆盖东西,引申为"遮住,遮掩,遮挡",读为 bì,如:遮蔽、屏蔽、蔽天、蔽野、掩蔽。引申为"隐藏;欺骗,隐瞒",如:隐蔽、蔽匿、蒙蔽、蔽美扬恶、蔽贤(隐蔽贤者,不使上知)。"蔽"还可指"概括",如:一言以蔽之。

近义词语 ①敝帚千金 ②民不聊生

反义词语 ①视如敝屣 ②国富民强

秀给你看 ①有的名胜古迹,风摧雨蚀,斑驳陆离,一副衰败破落的样子,却敝帚自珍,门票高得惊人,观光者爱来不来悉听尊便。②由于徽商的衰落和安徽的民生凋敝,数十年后建成的津浦铁路,也没有从安徽经过,而是选择了蓬勃发展的江苏。

4. 舶来品 〔泊来品〕
——海外之物到中国得用船(舟)载

汉语拼音 舶来品 bó lái pǐn

汉语释义 "舶"读 bó,意思是"航海大船","舶来品"原指通过航船从国外进口来的物品。旧时外国商品主要由水路用船舶载运而来,故名。引申为国外的东西,即从外国传入本国的意识、物品、语言等等。可以是一种文化,也可以是本国没有,从外国引进来的东西或技术。比如"沙发"、"巧克力"等。

字词 PK "舶",形声字,本义是"航海大船",也指一般的船,读为 bó,如:船舶、舶来品、舶物(用船舶运来的外国货物)、舶贾(国外来的商人)。"舶来品"是指通过航船从国外进口来的物品,而不是从海上漂泊来的物品。"舶来品"是什么意思,说穿了就是"外国制造"。

"泊",形声字。"白"意为"空白"、"空无"。"水"与"白"联合起来表示"水面空无一物"、"水面光光"。本义是"水面没有水草的陆地封闭水域",引申为"水面没有水草的空白水面,可以停船",引申为"停船靠岸,停留",读为 bó,如:泊船、泊车、泊地、泊位(航运上指港区能停靠船泊的位置)、停泊、漂泊(随波漂浮或停留,比喻居无定所、流浪)。"泊"还有"安静,恬静"之意,如诸葛亮 54 岁时给他 8 岁儿子诸葛瞻的《诫子书》中写道"非淡泊无以明志,非宁静无以致远",意思是说:不清心寡欲就不能使自己的志向明确坚定,不安定清静就不能实现远大理想。"泊"读为 pō 时,指的是湖,多用来指湖的名字,如:湖泊、梁山泊、罗布泊、血泊、水泊。辨析"湖"和"泊":"湖"指水面长满胡子般水草的陆地封闭水域;"泊"指水面光光、没有水草的陆地封闭水域。

秀给你看 英国产业革命的突破口是棉纺业,但棉织品在 18 世纪前却不是英国的国货,而是进口于以印度为主的东方国家。这种舶来品——进口货在当时十分流行,包括王后本人在内的上流人士,都喜欢身着这种东方棉织品。

5. 不胫而走 〔不径而走〕
——消息传播迅速，没有小腿（胫）也能跑（走）

汉语拼音 不胫而走 bù jìng ér zǒu

汉语释义 胫：小腿。走：快跑。没有腿却能跑，比喻消息无需推行或宣传，就已迅速地传播、流行开来。

字词PK "胫"，形声字，本义是"小腿"。如：胫骨、胫大于股（言本小末大。旧时喻臣下的力量大于君上）。

"径"，步道也，小道也。形声字，本义是"陡直的、狭窄的小路"，如：山径、曲径通幽、径流、大相径庭、田径比赛。引申为比喻解决问题的门路、办法，如：途径、门径、捷径。再引申为"直接"，如：径行、径直（表示直接向某处前进或直接办理某事）、径自（表示自己直接行动）。还可用作名词"直径，通过圆心的直线被圆周所截的线段"，如：口径、半径。

013

反义词语 秘而不宣

秀给你看 老作家姚雪垠先生同中国电视剧制作中心刚刚签罢改编合同，《李自成》即将被搬上荧屏的消息便不胫而走。一时间，读者来信从大江南北、长城内外飞到京城，飞到了复外大街那栋单元房里的书桌上——有祝贺的，有慰问的，有的是关心《李自成》第四、五卷的创作情况，有的是询问电视剧什么时候能够拍完……

李自成雕像

秒杀错别字

6. 不刊之论 〔不堪之论〕
——不存在错误当然不必用刀（刂）去削

汉语拼音 不刊之论 bù kān zhī lùn

汉语释义 刊：改动，消除，古代把字写在竹简上，有了错误就刮掉，所以"刊"用来指消除刻错了的字，"不刊"是说不可更改。比喻不能改动或不可磨灭的言论，用来形容文章或言辞的精准得当，无懈可击。

字词PK "刊"，本义是"削除，修改"，如：校（jiào）刊、不刊之论（喻至理名言）、刊误（校正文字的差错）、刊谬补缺、刊落（删去冗赘多余的文字）、刊削（削除）。"刊"在古代指书版雕刻，现在也指排印出版，如：刊行、创刊、停刊、刊登、刊载、刊用、刊刻、刊印（刻版或排版并进行印刷，泛指文章书籍印刷流行）、刊版（刻版或排版）、刊刷（刊刻印刷）、刊书（刻印书籍）。由"出版雕刻，排版印刷"引申为名词义"刊物，也指在报纸上定期出的有专门内容的一版"，如：报刊、书刊、特刊、周刊、月刊、副刊、刊授（指以刊物媒体为主要教学手段的授课方式）、刊头（报刊上载明刊物名称、出版期数、出版单位等项内容的地方）。

"堪"，本义是"地面高起"，引申为"能、可以、足以"，如：不堪设想、苦不堪言、堪当重任、堪称楷模、堪以告慰。再引申为"能忍受，能承受"，如：难堪、不堪一击、不堪凌辱、狼狈不堪、疲惫不堪。

"堪舆"是"风水"的别称，而"堪舆家"是古时候占卜家流派之一种，后专称以相地看风水为职业者，俗称"风水先生"。

近义词语 不易之论

反义词语 不经之谈　无稽之谈

秀给你看 书上的话并非不刊之论，我们要用怀疑的眼光去读书，切不可全盘接受。

C 组

1. 插科打诨 〔插科打浑〕
——在表演中穿插幽默的"言"语

汉语拼音 插科打诨 chā kē dǎ hùn

汉语释义 科:指古典戏曲中的表情和动作;诨:诙谐逗趣的话。戏曲、曲艺演员在表演中穿插进去的引人发笑的动作或语言。

字词PK "诨",形声字,本义是指"开玩笑的话,诙谐可笑的话",读为 hùn,如:诨号(外号)、诨话(开玩笑的话)、诨语(逗趣的话)、诨官(乐官)、诨名、诨耍(打诨耍笑)。

"浑"是形声字,本义是指大水喷涌而出时的水流声,引申为"浑浊",读为 hún,如:浑水摸鱼(在浑浊不清的水里摸鱼,比喻趁混乱的时机捞取利益)、浑黄(浑浊而发黄)、浑浑(浑浊的样子)。"浑"还有其他的基本义:(1)糊涂,不明事理,如:浑人、浑虫(糊涂虫)、浑话、浑噩麻木、浑浑噩噩(形容无知无识,糊里糊涂的样子)、信口浑说。(2)天然的,质朴的,朴实的,如:浑朴、浑厚、浑金璞玉(未炼的金与未琢的玉。比喻人品纯真朴实)、浑素(朴素,不华丽)、浑纯(朴质纯正)。(3)全,

满,整个,如:使出浑身解数、浑似(酷似、非常像)、浑沦(囫囵,完整,浑然一体)。

近义词语 打诨插科

秀给你看 其实,幽默不起来也无伤大雅,大不了平淡些或改行干点力所能及的,但切不可把插科打诨、油嘴滑舌当幽默去显示,这样就流于庸俗了。什么个人形象,什么艺术魅力,全都无从谈起,而且污染文艺舞台和人们的心灵。

2. 惩前毖后 〔惩前毙后〕

——批判以前的错误,为使以后不再犯错

汉语拼音 惩前毖后 chéng qián bì hòu

汉语释义 惩:警戒;毖:谨慎小心的样子。吸取过去失败的教训,以后小心谨慎,不再犯类似的错误。

字词PK "毖",慎也,形声字。"比"与"必"联合起来表示"隐含着加入罪犯队列的可能性"、"有可能步人后尘,继续犯错"。"毖"本义是指"有可能重蹈覆辙",转义为"告诫",再转义为"谨慎小心的样子"。巧辨:惩罚不一定非得枪毙人的性命,但惩罚可以让人尽量小心谨慎一点,避免犯类似的错误。

"毙",形声字,本义是指因病或受伤而歪斜着身体倒下后隔了一段时间才断了气儿,读为 bì,"毙"描写的是一个人在短暂时间内死亡的过程。例如一个士兵胸部中箭后,他痛苦地叫了一声,同时向侧边歪斜着身体倒了下去。倒在地上后同伴们看他没救了,就走开了,他则因为大出血而最终死亡。引申为"死亡",用于人的时候常常指贬义,如:毙命、击毙、毙伤。"毙"还经常用于口语,指"枪毙",如:昨天毙了(用枪打死了)一个抢劫的杀人犯;那个节目被审查组毙了(节目不合格,没有通过)。

反义词语 重蹈覆辙

秀给你看 坚持真理,修正错误,惩前毖后,治病救人,有则改之,无则加勉,摆事实讲道理,以理服人等。

3. 川流不息 〔穿流不息〕
百步穿杨 〔百步串杨〕
——像河流(川流)那样不停止;在一百步以外射中杨柳的叶子

汉语拼音 ①川流不息 chuān liú bù xī ②百步穿杨 bǎi bù chuān yáng

汉语释义 ①川:河流、小溪。息:停止,停下。形容人、车马等像水流一样来来往往、连续不断。②春秋战国,楚国有一名很出色的将军,名叫养由基,他是一个射箭能手,从小就酷爱射箭,他学射箭非常专心,每天坚持练习,终于炼成极高的射箭本领,他能在距离柳树一百步外的地方放箭射击,每箭都射穿指定的杨柳叶的中心,而且射一百次,中一百次,左右看的人都说射得很好。晋军进犯楚国,他用箭射晋军,百发百中,立下赫赫战功。后用“百步穿杨”形容箭法或枪法非常高明。

字词PK “川”,象形字,像水直达之形,“川”的本义是指“归向河流、山川、大海的水流”。古人说大城市里车水马龙,川流不息。其中提到的“川”是指归向大城市的人流、车流。(大城市像大泽或大海,是八方之人流汇聚之所,故流向大泽大海之水就是“川”)。“川”表河流还有很多词汇,如:大好河川、高山大川、百川归海。另外“川”还有

养由基雕像

"平地,平野"的意思,如:一马平川、八百里秦川、川地(山间或河流两旁的平坦低洼的土地)。"川"也是四川省的简称,又因辖区西部古为蜀国地,故又简称"蜀"。如:川菜、川剧、川军。也作"旅途"讲,如:川费(旅费)、川程(旅途)。

"穿",通也,会意字。"牙"指野兽犬齿。"牙"与"穴"联合起来表示"野兽以犬齿挖掘洞穴",因此"穿"的本义是指"凿通,凿破",如:水滴石穿(比喻力量虽小,只要坚持不懈,事情就能成功,也作"滴水石穿")、穿云裂石(指声音穿过云层,震裂石头,形容乐器声或歌声高亢嘹亮)、把纸穿了个洞。"穿"还有其他的基本义:(1)用在某些动词后,表示破、透或彻底显露,如:射穿、磨穿、看穿了他的心思、戳穿了他的阴谋诡计、穿帮(露出破绽,被揭穿)、穿透力(穿透物体的力度,比喻能打动或影响人的作用)。(2)通过(孔洞、缝隙、空地等):穿针引线(比喻从中撮合、联系,使双方接通关系)、穿孔机、穿过树林、穿行。(3)用绳线等通过物体把物品连贯起来,如:穿糖葫芦、用珠子穿成珠帘。(4)把衣服、鞋袜等物套在身体上,如:穿鞋戴帽、穿连裆裤(比喻串通在一起,相互勾结、包庇)、穿小鞋(比喻暗中对人进行刁难或施加约束、限制等)、穿麻戴孝(旧俗,人死后亲属和亲戚中的晚辈或平辈穿孝服,表示哀悼)、穿着讲究。

近义词语　①车水马龙、川流熙攘　②穿杨射柳、百发百中

反义词语　①人迹罕至　②无的放矢

秀给你看　①昔日的穷山区如今大变样:那繁忙的公路运输线昼夜川流不息;喧闹的大小专业市场车水马龙;一家家现代化的工厂在深山里涌现;一座座新型集镇在乡村崛起……②他形象地比喻说,在射箭时要变成机器人,一站上起射线,队员就要做到无情、无欲、无念,忘掉得失,忘掉自己,忘掉比赛,也忘了旁人,这样才能在比赛当中保持和发挥百步穿杨的技能和水平。

4. 吹毛求疵 〔吹毛求刺〕

——要找的是问题(毛病),与"刺"无关

汉语拼音 吹毛求疵 chuī máo qiú cī

汉语释义 求:寻找、查找;疵:缺点、小毛病。吹开皮上的毛,寻找里面的毛病。比喻故意挑剔别人的毛病、缺点,寻找差错;也指细致到繁琐、挑剔的地步。

字词PK "疵",病也,形声字。病字头,即表示与疾病有关。"此"意为"就餐"、"吃食"。"疒"与"此"联合起来表示"与吃食有关的病"、"不注意饮食卫生而引起的腹痛、呕吐等疾病"、"消化系统疾病"、"肠胃系统疾病"。因此"疵"的本义是指"肠胃病",如:"疵瘕"即腹疾;"疵疠"即"时疾",指流行病、肠道传染病。"小疵"即饮食不卫生引起的呕吐、腹泻、拉肚子(注意:"疵"的本义不是"小毛病","小疵"才是"小毛病"。"疵"与"小疵"不可混为一谈),引申为"过失、缺点、毛病",如:瑕疵(小毛病、小过失)、吹毛求疵、疵弊(缺点或过失)。

"刺",直伤也。本义是指"扎入,用尖利的东西刺",读为 cì,如:刺伤、刺绣(一种手工艺。用彩色丝绒在丝织品或布上绣花鸟、景物等各种图案。)、刺配(古代刑罚。在犯人脸上刺字,并发配到边远地方)、刺猬(哺乳动物,头小肢短,身上有硬刺。昼伏夜出,吃昆虫、鼠等,对农业有益)、刺青、刺字。"刺"的基本义还有:(1)暗杀,如:刺客(用武器进行暗杀的人)、刺杀、行刺。(2)侦探,打听:刺探。(3)用尖锐的话指出别人的坏处:讽刺、讥刺。(4)泛指尖锐如针之物,如:刺竹(一种多刺的竹)、刺儿(尖锐像针的东西)、刺莓(有刺的野生莓子)、芒刺、鱼刺、话里别带刺、刺激(①现实的物体和现象作用于感觉器官;声、光、热等引起生物体活动或变化,如:刺眼、刺鼻。②推动事物,使起积极的变化,如:刺激食欲、刺激生产力的发展。③使人激动或精神上受到挫折或打击)。

近义词语 鸡蛋里挑骨头 没事找事

反义词语 宽大为怀 宽宏大量 通情达理

秀给你看 他们苛刻地要求文章每字每句都绝对准确,时间、地点、情节分毫不能差,不看主流只看枝节,吹毛求疵,稍有闪失便揽你个天昏地暗。

5. 厝火积薪 〔措火积薪〕
——柴堆下面放(厝)火种,一举一动需谨慎

汉语拼音 厝火积薪 cuò huǒ jī xīn

汉语释义 厝:放置,薪:柴草。把火放到柴堆下面,比喻潜伏着很大危险,也作积薪厝火。

字词PK "厝",会意字,意为"往日的"、"旧时的"、"过去的"、"以前的"。因此"厝"的本义是指"旧居",引申为"宅屋",读为cuò。古人初来乍到,一无所有,便利用现成的山崖,权当遮风避雨之所。待日子好过了,便另建正式宅屋,而山崖栖息之所就成了"旧居"。"厝"在现代汉语中的基本义有:(1)放置,安置:厝火积薪(把火放在柴堆下面,比喻危机已伏,尚懵然未觉)、厝火燎原(放火燎原,喻小乱子酿成大祸患)。(2)停枢,把棺材停放待葬或浅埋以待改葬,如:暂厝、浮厝、厝所(停放灵枢的处所)、厝房(停放棺枢的小房)。(3)房屋,如:起厝(盖房子)、厝主(房东)。

"措",置也,形声字。本义是指"用手复位、复原",引申为"安排,处置",如:惊惶失措、手足无措、不知所措、措置(安排,料理)、措手不及(指因没有准备,临时来不及应付)、措辞(说话或写作时选用词句)。再引申为"筹划,办理",如:举措、措办、筹措款项。

秀给你看 乃时过境迁,恬嬉如故,厝火积薪之下,而寝处其上,酣歌恒舞,民怨沸腾,卒至鱼烂土崩,不可收拾。

D 组

1. 大放厥词 〔大放獗词〕

——"猖獗"之人往往"大放厥词"

汉语拼音 大放厥词 dà fàng jué cí

汉语释义 厥:指示代词,意为"其他的,那个的"。词:文辞,言辞。原指极力铺张辞藻或畅所欲言。现用来指夸夸其谈,大发议论(今多含贬义),即脱离实际地吹牛皮。

字词PK "厥"有憋气用力过头而休克的意思,即"失去知觉,不省人事,气闭,昏倒"的意思,如:昏厥、痰厥。也有"好不容易"、"厉害"、"严重"等意思。"厥角"是"大力叩头";"厥职"是"费力的职位","厥疾"是"厉害的疾病","厥罪"是"严重的罪行","厥有"是"好不容易有","厥父"是"严厉的父亲"。也可用作指示代词,意为"其他的,那个的",如:厥父、厥后、大放厥词。"大放厥词"的"厥"是指示代词"他的",与犬类动物等的任意横行、凶恶放肆的"猖獗"没有关联。

"厥"还可用作副词,意为"乃,于是",如"屈原放逐,乃赋《离骚》;左丘失明,厥有《国语》"。司马迁为《史记》作序中罗列了一系列因受到

了巨大的伤害或沉重的打击而发奋著书的人物,他们大部分人坎坷悲惨的遭遇都是后天人为造成的,但是他们却奋发图强,书写了流传千古的文字,用文字诠释了自己传奇的一生。其中屈原被放逐于是创作了《离骚》,左丘明因为坚守史官道德而得罪权贵,被处以刑罚,刺瞎双眼,被称为"瞽"史官,他的发愤才有了《国语》的诞生。司马迁列举这些人物,当然是用于自我激励,来完成自己的"一家之言",否则便不能激励其人"发愤"。

左丘明塑像

"獗",反犬旁,即表示与犬类等动物有关,常和"猖"组成词语"猖獗(chāng jué)"。"猖"是指狗在闹市撒野,"獗"是指狗因癫狂过度而自己昏厥在地。"猖獗"形容狗撒野时间很长,无人能制止,最后靠它自己昏厥而收场,因此"獗"的本义是指"任意横行"、"凶恶而放肆"。

近义词语 大发议论 说长道短

反义词语 缄默不语 默默无言

秀给你看 台湾地区领导人变更之后,两岸关系处在一个十字路口。值此关键时刻,"台独"死硬分子吕秀莲,公然跳出来大放厥词,肆无忌惮地鼓吹"台独"谬论,与华夏子孙为敌,逆历史潮流而动。

2. 殚精竭虑 〔惮精竭虑〕
肆无忌惮 〔肆无忌殚〕
——气力竭尽为之"殚";心中畏惧为之"惮"

汉语拼音 ①殚精竭虑 dān jīng jié lù ②肆无忌惮 sì wú jì dàn

汉语释义 ①殚:竭尽;虑:思虑。形容耗尽精力,费尽心思(褒义词)。②肆:放肆;忌:顾忌;惮:害怕。非常放肆,一点都没有顾忌。

字词PK "殚"极尽也。"殚"的本义是指(气力)用尽、竭尽,读为dān,如:殚精竭虑。

"惮"是竖心旁,与心理活动有关,其意思是:畏惧,害怕,读为dàn,如:忌惮、惮服、过则不惮改、肆无忌惮。"肆无忌惮"的意思是非常放肆,心里不害怕,一点都没有顾忌。因此要写成"惮"。巧辨:气力竭尽为之"殚",心中畏惧为之"惮"。

近义词语 ①殚思极虑 ②肆意妄为

反义词语 ①敷衍塞责 ②规行矩步

秀给你看 ①起草组根据温家宝总理指示,以强烈的责任感和使命感,殚精竭虑地展开起草工作。经过大家反复讨论、研究,吸收各方的意见,不断补充、完善、修改、推敲……报告起草思路逐渐清晰,主题越发明确,政府工作报告初稿逐渐成型。②这是一起直接危及中国驻日本外交馆舍及人员安全的严重事件,中方对日本右翼肆无忌惮的行径表示强烈谴责,对日本警方未能防止日本右翼肇事表示强烈不满。

3. 得陇望蜀 〔得垄望蜀〕
——得到了甘肃(陇),还望着四川(蜀)

汉语拼音 得陇望蜀 dé lǒng wàng shǔ

汉语释义 陇,指甘肃东部;蜀,指四川中西部。已经取得陇东,还想攻取西蜀。比喻得寸进尺,贪心不知满足,贪得无厌。

字词PK "陇",地名,因古为陇西郡地而得名,在现在的甘肃东部,也作甘肃省的简称之一,读为lǒng,如:陇西(古代郡县名称,在今甘肃省东南部一带)、陇海铁路(中国一条从江苏连云港通往甘肃兰州的铁路干线)、陇山(山名,在陕西、甘肃交界的地方)、陇剧(甘肃地方戏曲剧种之一)。

"得陇望蜀"中的"陇"与"蜀"相对,都是地名,"陇"是甘肃的简称,"蜀"是四川的简称。东汉初年大将军岑彭和吴汉的军队围困西城时,

光武帝刘秀因为临时有事要先回洛阳,临行前写了一封信给大将军,信上说:"人苦不知足,既平陇,复望蜀。"叫他平定陇右(现在甘肃一带)以后领兵南下,攻取西蜀(西南地区的四川一带),后人用"得陇望蜀"比喻得寸进尺,贪得无厌。

"垄",形声字,本义是指"在耕地上培成的一行一行的土埂,在上面种植农作物",读为 lǒng,如:田垄、垄次(田间)、垄亩之臣(辞官归耕田野的臣子)、垄亩(阡陌田野)、垄沟(田垄间的沟,用于灌溉、排水、施肥等)、垄田

光武帝刘秀雕像

(峡谷中的高田)。引申为"田地分界的稍稍高起的田埂",如司马迁在《史记·陈涉世家》中提到一句"辍耕之垄上",此处的"垄"指的是"田埂高地",停止耕作到田埂高地上去休息。再引申为"形状像垄的东西","小曰丘,大曰垄",如:瓦垄、垄灶(土灶,就地砌起的灶)、垄岗沙(沙漠中广泛分布的一种沙丘,也称"沙垄"或"纵向沙丘")。另有一词"垄断(lǒng duàn)",原指站在市集的高地上操纵贸易,后泛指把持、独占和专卖,如:垄断市场、垄断集团、垄断资本、垄断价格。

近义词语 得寸进尺　贪得无厌　贪心不足

反义词语 心满意足　称心如意　如愿以偿

秀给你看 人生很短暂,当时光匆匆而过,人要学会珍惜,学会知足,不贪恋山水,不留恋红颜,不得陇望蜀,少年时踏踏实实作出一番事业,以防老来皓首,嗟叹昨日不再。

4. 掂斤播两 〔掂斤拨两〕
——"掂"与"播"相当,皆指试轻重

汉语拼音 掂斤播两 diān jīn bō liǎng

汉语释义　掂、播：托在掌上试轻重。比喻在小事情上过分计较。

字词PK　"播"，种也。本义是指播种、撒种子，如：夏播、秋播、条播、点播、播撒、播了两亩地的麦子。中国五千年民族文化史诗《诗经》中的有一句至理箴言"播厥百谷，实函斯活"，意思是"播撒百谷的种子，颗粒饱满生机旺盛"，用来比喻孜孜不倦地耕耘与生长不息的精神，强调付出与收获，孕育希望与人文关怀；在文化传承上代表一种遵从自然生产规律与价值轮回，创造梦想与踏实进取的态度。由具体的"播撒"之义引申为"传播，传扬，散布"，如：广播、播报、播音、播讲、播送、播映。"播"还可以指"搬迁，迁移，流亡"，如：播迁（迁徙）。

　　"掂斤播两"的"播"是指用手轻托着东西上下晃动来估量轻重，此动作和播种时用手握着装有种子的器具上下晃动时的动作非常相似，取其本义"播种"的引申，"掂斤播两"用来形容过分计较小事，也作"掂斤簸两"。

　　"拨"，治也。本义是指"治理、整治"，比如成语"拨乱反正"用的就是此义，治理混乱的局面，使恢复正常。引申出手脚或棍棒等横着用力，使东西移动，如：拨云见日（拨开乌云，看见太阳。比喻冲破黑暗，见到光明，也比喻疑团消除、事情明朗）、拨风（像拨开大风的样子，速度异常之快）、拨火儿（拨动火种使火烧得旺，比喻挑拨）、拨置（挑拨）。还可以指"分出一部分发给，调（diào）配"，如：拨款、拨粮、拨发（调拨发运）、拨两个人到车间去工作。另外，"拨"还有"掉转"的意思，如：拨转（掉转，转动，回心转意）、拨转文词（调转话题）、拨头就走。可用作量词，用于成批的人或物，如：分成两拨儿、大家论拨儿休息。

　　秀给你看　怯懦往往使人犹疑不决而坐失行动的良机。如果一个人遇事斟酌，到采取行动的时刻临近时还看不清怎样做最好，那便说明采用哪种方式在动机上的差别并不大。因此，这时还不决定便是掂斤播两的计较琐事而坐失时机，而这就是怯懦。

E组

1. 额手称庆 〔额首称庆〕
——只有"手"才能放到额头上

汉语拼音 额手称庆 é shǒu chēng qìng

汉语释义 额手:以手加额。把手放在额上,表示庆幸。

字词PK "额手称庆"这个成语的解释是:把手放在额上,表示庆幸,形容高兴或喜悦。额,眉毛以上、头发以下的部位,俗称"脑门子"。"额手"则是人们表示庆幸时的一种常见动作。无论东西方礼仪,把手举到前额一般都是对对方表示敬意。"首",本义为"头",引申指"最上面的、最前面的"。"额首称庆"中的"首"指"头","额、首"则形成了包容关系,在逻辑上说不通。

近义词语 欣喜若狂 弹冠相庆

秀给你看 一种人看到工业废水大量渗入地下造成严重污染,另一种人看到仓库是由于连年丰产而堆满了粮食;一种人痛心疾首于热带雨林的惨遭毁灭,另一种人额手称庆于人类平均寿命的一再延长。

2. 恶贯满盈 〔恶灌满盈〕

——罪恶太多,像穿满整条绳子的"一贯钱"

汉语拼音 恶贯满盈 è guàn mǎn yíng

汉语释义 贯:穿钱的绳子;盈:满。罪恶之多,犹如穿钱一般已穿满一整根绳子。形容罪恶极多,已到末日。

字词PK 恶,罪恶;贯,穿钱的绳子,古时铜钱每一千枚为一贯;盈,满。罪恶多得像穿钱一样;已经穿满了一贯还没完。形容罪大恶极已经到该受惩罚的时候了。商朝末年,商纣王暴虐无道,激起百姓和各大诸侯的公愤,为了推翻他的暴虐统治,周武王就出兵讨伐,由于姬发所率的是仁义之师,深得老百姓的支持,结果大获全胜。姬发领兵进攻纣王之前,曾对全军发表誓言,列举了商纣的种种罪行,"恶贯满盈"就出自于周武王发出的《泰誓》"商罪贯盈,天命诛之"。意思是说:商纣王作恶多端,就像串钱的绳子一样,其罪恶已串到头了。老天爷已命令我杀死他。

周武王姬发像

近义词语 罪大恶极 罄竹难书

反义词语 功德无量 乐善好施

秀给你看 莎士比亚笔下这位国王的形象当然有所改变,变得勤勉执政,而不是恶贯满盈。

秒杀错别字

3. 噩耗 〔恶耗〕

浑浑噩噩 〔浑浑恶恶〕

——噩梦般的消息为"噩耗";糊里糊涂(浑浑噩噩)度日的并非"恶人"

汉语拼音 ①噩耗 è hào ②浑浑噩噩 hún hún è è

汉语释义 ①"噩耗"可以做名词,指自己的亲人或自己敬爱的人死亡的消息;也可以指极度不好的消息,对自己或己方极为不好的消息。②浑浑:质朴淳厚。噩噩:严肃的样子。形容质朴天真,也可以形容糊里糊涂、愚昧无知。

字词 PK "噩"有"惊人的,可怕的"的意思,如"噩梦、噩耗";也可以指"严肃的样子",如"浑浑噩噩"。"恶"可以指"很坏的行为",跟"善"或"好"相反,如"罪恶、无恶不作、是非善恶";也可以用来形容人或物凶狠或凶猛,如"恶毒、恶霸、一场恶战";还可以指"很坏的、不良的",如"恶劣、恶习、恶性循环"。

近义词语 ①噩讯 悲讯 ②糊里糊涂 混混沌沌 昏头昏脑

秀给你看 ①前些天我写了一篇"哀旧雨凋零"的散文,悼念一个朋友。虽明知人死是自然规律,聚散原本无常,却不能不悲! 所以每当传来朋辈谢世的噩耗,我就禁不住心酸、泪下! 特别是对于接触较多,又曾受教益的师友,更加缅怀、哀思,这也是人之常情吧! ②中国足球历史上很少有国字号球队能给我们带来快乐,如果这支国奥队继续前两场比赛那低迷的状态,浑浑噩噩地"陪太子读书"到最后,那他们将是中国最没出息的一支国奥队。

4. 耳濡目染 〔耳儒目染〕
——有"水"才能沾湿耳朵

汉语拼音 耳濡目染 ěr rú mù rǎn

汉语释义 耳朵经常听到,眼睛经常看到,不知不觉地受到影响(濡,沾湿;染,沾染)。形容见得多了听得多了之后,无形之中受到影响,指好也指坏。

字词PK "濡"的形旁是与水有关系,"沾湿,润泽",如:相濡以沫(濡,沾湿;沫,唾沫。泉水干涸了,两条小鱼儿为了保住彼此的生命相互吐唾沫来润湿对方。比喻一家人同在困难的处境里,用微薄的力量互相帮助,延续生命。多用于夫妻之间,也可用于朋友和亲戚之间的互相关心。多用于形容夫妻感情深厚,共渡难关)、濡墨挥毫(用毛笔蘸墨写字或作画)、濡笔(沾墨于笔)、濡染(沾染)、濡缕(沾湿一缕)、濡泽(沾、润)。

"儒"指读书人,如"儒生、腐儒、通儒(指博识多闻的大学者)、儒林(儒者之林,旧指学术界)、儒雅"。《说文解字》对"儒"的解释是:"儒,柔也,术士之称。从人,需声。"中国人历来重视死的观念与丧葬礼仪,这种广泛的社会需求促成了一个特殊社会阶层"儒"。在古代中国,最晚到殷代有了专门负责办理丧葬事务的人员。这些人就是早期的"儒",或者称为术士。他们精通当地的丧葬礼仪习惯,时间一长,便形成了一种相对独立的职业。但是,由于这种职业地位低微,既没有固定的财产和收入,做事时还要仰人鼻息,所以形成比较柔弱的性格,这就是儒的本义,即"柔"。

近义词语 耳闻目睹 潜移默化

秀给你看 南丁格尔出生在一个有钱有势的家庭,小时候受过良好的教育,并且常随母亲走访穷人和病人。耳濡目染之中,她学到了医术。以后她又到欧洲各国考察医院和护理工作,并专门在德国学习护理技术。回国以后,在伦敦一家医院里担任督察。

029

秒杀错别字

F 组

1. 繁文缛节 〔繁文溽节〕
——繁杂(缛)的礼节与湿润(溽)无关

汉语拼音 繁文缛节 fán wén rù jié

汉语释义 文:规定、礼仪。缛:繁多。节:礼节。繁文缛节,指繁琐的、不必要的仪式礼节。

字词 PK "缛",本义是指"繁密的彩饰",读为 rù,如:缛旨(繁饰的文旨)、缛丽(繁饰华丽)、缛绣(彩色繁丽,有如锦绣)。引申为"繁多、繁重、繁琐",如:繁文缛节、缛采(文采繁杂,比喻雕琢文章)、缛礼(繁复琐杂的礼节,引申为厚礼、优礼)。"繁文缛节"指繁琐的礼仪,繁多不必要的礼节。

"溽",湿暑也,形声字。本义是指湿热、闷热、湿润,读为 rù,如:溽暑、溽热、溽夏(湿热的夏天)、溽景(溽暑的烈日)、溽蒸(溽热、湿热)、溽润(湿润)。引申为"味道浓厚、深厚,尤其指美味可口的食物",如《礼记·儒行》中有一段描写"儒士"刚强坚毅的一面:"儒有可亲而不可劫也,可近而不可迫也,可杀而不可辱也。其居处不淫,其饮食不溽;其过失可微辨而不可面数也。其刚毅有如此者。"意思是说:儒士可以亲近而不可以威胁,可以接近而不可以强迫,可以杀掉而不可以侮辱;他们所居住的地方不奢华淫逸,他们的饮食不丰厚;他们的过失可以委婉的辨析而不可以当面数落。儒者的刚强坚毅就是这样的。

近义词语 连篇累牍

反义词语 言简意赅 因陋就简

秀给你看 婚礼形式在发生着深刻的变化,一股文明新潮正悄然浸入农村婚嫁领地,沿袭多年的繁文缛节正在被一种清新、简洁、欢快的礼仪所取代。

2. 分道扬镳 〔分道扬标〕
——二人驱马分路而行,需要拉马嚼子(镳)

汉语拼音 分道扬镳 fēn dào yáng biāo

汉语释义 道:道路。镳:马嚼子。扬镳:驱马向前,分路而行。比喻志趣不同,各走各的道路。

字词PK "镳",本义是马嚼子,与衔合用,衔在口中,镳在口旁。青铜制或铁制,也有用骨、角制的上面可系銮铃,因此"镳"指马口中所衔铁具露出在外的两头部分,读为 biāo,如:镳辔(马嚼子和马缰绳)。"分道扬镳"指分道而行,比喻因目标不同而各奔前程或各干各的事情。

"标"的本义是指"树梢",引申为事物的枝节或表面的、非根本的,与"本"相对,如:治标不治本、标本兼治(对事物的枝节和根本都加以治理)、标病(表面上的病症)。"标"在现代汉语中的基本义有:(1)记号,如:商标、标记、标志、标尺、标语。(2)用文字或其他事物表明,如:标明、标题、标注、标价、标新立异(提出新奇的主张,表示与一般的不同)、标榜(原为揭示、表明,后引申为宣扬、吹嘘)。(3)给竞赛优胜者的奖品,亦指优胜,如:锦标赛、夺标。(4)对一项工程或一批货物,依照一定的标准,提出价目,然后由竞争厂商选择,决定成交与否,如:投标、招标。

(5)榜样,如:目标、标准、标杆。(6)中国清末陆军编制的名称,约相当于后来的一个团;亦用作计量军队的单位,如:一标人马。"标"还可用来形容"突出的、俊美的",如:标致。

近义词语 各奔前程　一拍两散　风流云散

反义词语 志同道合　并驾齐驱　齐头并进

秀给你看 应该说这是一段悲壮瑰丽而带有传奇的历史,邱家兄弟在选择中国前途命运的事情上,各持自己观点,分道扬镳,多少折射了一代知识分子的思想与情怀。

3. 焚膏继晷 〔焚膏既晷〕
——点燃灯烛,"接续"日光

汉语拼音 焚膏继晷 fén gāo jì guǐ

汉语释义 焚:使……燃烧;膏:油脂,指灯烛;继:继续,接替;晷:日影或者指一种古代的计时工具。点上油灯,接续日光。形容勤奋地工作或学习。

字词PK "继",续也。本义是"把断了的丝接续上",引申为"连续,接着",如:继续、继任、继往开来(继承前人的事业,给未来开辟道路)、继承(指继续做前人没有完成的事业;或接受死者的遗产或权利)、后继有人、前仆后继、夜以继日。

"晷",形声字,本义是指"日影",比喻成"时光",如:日无暇晷。"晷"还有一种意思就是古代用来观测日影以及测定时刻的仪器。"焚膏继晷"指的是点燃灯烛来接替白天的日光照明,形容夜以继日地用功读书或努力工作。

"既"的本义是指"吃罢,吃过,吃完",引申为"完了,终了"。"既"在现代汉语中的基本义有:(1)已经,如:既而(副词,不久,一会儿,指上件事情发生后不久)、既已如此、既得利益、既成事实(已完成的、并且推定是不可改变的事)、既往不咎(对过去的错误不再追究责备)、既定方针(已经确定的方针策略)。再如"既有今日,何必当初"指的就是既然有今日的如此结果,何必在当初那么做。用以感慨现今的不如意,而深悔过去的错误。(2)跟"且、又、也、更"等配合,表示两方面同时存在:既勇敢又机智、既聪明又用功、既快且好。(3)既然,常跟"就、则、也、还"连用,表示先提出前提,而后加以推论,如:"既要干,就干好"、"既来之,则安之"。

近义词语 夜以继日 通宵达旦

反义词语 无所事事 碌碌无为

秀给你看 他少年苦读,焚膏继晷,不知疲累,终于成为一个名声赫赫的大文学家。

4. 丰富多彩 〔丰富多采〕
兴高采烈 〔兴高彩烈〕

——内容丰富时"色彩"缤纷;兴致高昂时"神采"飞扬

汉语拼音 ①丰富多彩 fēng fù duō cǎi ②兴高采烈 xìng gāo cǎi liè

汉语释义 ①丰富多彩:形容内容丰富,花色繁多。彩,花纹,花色。②兴高采烈:兴致高,精神饱满。原指文章旨趣很高,文辞犀利。多形容人的情绪或兴致很高,也用来指欢乐、喜庆的场面。采,神采,精神;烈,热烈。

字词PK "彩"是个会意兼形声字,文章也。"采"意为"动手收集",引申为"物品集合"。"彡"为"三"的变形,意为"多"。"采"与"彡"联合起来表示"物品种类繁多"。本义是指"物品种类繁多",引申为"花色繁多,各式各样"。说明:《说文》释"彩"字时说它意思是"文章"。请注意,这里所说的"文章"是古汉语,相当于现代汉语词汇"纹章",也就是"花色"的意思,不是今天的"书面文章",不是"文学才华"。"彩"在现代汉语中的基本义有:(1)多种颜色:彩色、五彩缤纷、彩电。

(2)各种颜色的丝绸:剪彩、张灯结彩。(3)称赞夸奖时的欢呼声:喝彩、博得满堂彩。(4)花样,精彩的成分:丰富多彩。(5)赌博或某些游戏中赢得的财物:彩票、中彩、摸彩。(6)指负伤流血:挂彩。

"采",捋取也。本义是指"用手指或指尖轻轻摘取(花儿、叶子、果实)",如:采花、采摘、采茶。由本义引申出"选取;搜集,寻找;开发,挖掘"等义,如:采购、采用、采取、采风(创作人员到基层体验生活,搜集材料)、采访、采集标本、采矿、采煤、采挖。又因为古代给布匹等染色都取自于植物,颜色富有光泽,故引申出"精神,神色"之义,如:神采、兴高采烈、无精打采。

近义词语 ①琳琅满目　五彩缤纷　②欢天喜地　喜气洋洋

反义词语 ①微乎其微　千篇一律　②无精打采　垂头丧气

秀给你看 ①中国的旅游城市三亚,在亚龙湾、大东海、三亚湾等滨海地区,坐落着为数众多的豪华酒店,入住这些酒店,可以参与酒店提供的丰富多彩的活动,如海水浴、海上摩托艇、游艇、潜水等海上体育运动。②下午,中外青少年兴高采烈地冲向长城烽火台,展开了"登长城比赛",每位小营员都获得了登长城证书并在营旗上签名留念。

亚龙湾

5. 凤冠霞帔 〔凤冠霞披〕
——如凤冠冕戴于头，彩霞"帔巾"披于肩

汉语拼音 凤冠霞帔 fèng guān xiá pèi

汉语释义 旧时富家女子出嫁时的装束，以示荣耀。也指官员夫人的礼服。

字词PK "帔"，形声字，"巾"与"皮"联合起来表示"丝麻质地的覆盖物"，因此"帔"本义是指古代披在肩背上的一种服饰，如：凤冠霞帔、披肩、袈裟之类。

"帔"可理解成现代意义上的披肩："六朝的帔近似今日披风，男女兼服。唐代帔子近似后世云肩、背心，为女子常服。宋代的帔子可能指盖头，为已婚妇女象征，且作装饰，为出嫁新娘不可少。"也是古代命妇的礼服："因文有霞彩，称霞帔。始于唐。宋帔分两种，霞帔非恩赐不得服，直帔通行于民间。明代霞帔形似两条彩练，绕过头颈，挂在胸前下垂一根金玉坠子。清代霞帔阔如背心，中间缀以补子，下施彩色流苏。"

"披"，形声字，"皮"本指动物皮张，转义指人体覆盖物、人的"第二皮肤"。"手"与"皮"联合起来表示"用手把衣物覆盖在身体上"，因此"披"的本义是指用衣物覆盖人体，引申为"穿戴"，如：披星戴月、披挂、披甲。再借用为"打开，散开，裂开"，如：披襟、披露（发表，公布，表露）、所向披靡、竹竿披了。

秀给你看 中午，红娘子内穿紧身战袄，腰挂短剑，保持着女将习惯，但外表却是新娘打扮：凤冠霞帔，百褶大红罗裙，头蒙红绫帕，环佩丁冬。

035

6. 风声鹤唳 〔风声鹤戾〕
——风吼声，鹤鸣声，声声用"口"

汉语拼音　风声鹤唳 fēng shēng hè lì

汉语释义　唳：鹤鸣声。把风的响声、鹤的叫声，都当做敌人的叫阵声，疑心是追兵来了。形容惊慌失措，或自相惊扰。

字词PK　"唳"，专指鹤、雁等鸟高亢的鸣叫，如"风声鹤唳"就是把风的响声和鹤的叫声都当做敌人的叫阵声，疑心是追兵来了。形容惊慌疑惧，或自相惊扰。形容的是一种声音，因此和"口"有关，因此用"唳"。

许慎的《说文解字》解释"戾，曲也。从犬，出户下身曲戾也"，意思是"犬从关着的门中挤出，必曲其身"，因此"戾"的本义是"身体弯曲"，读为 lì。借用为"罪，罪过"，如：罪戾、免戾。由此引申为"凶暴，猛烈"，如：暴戾、猛戾、戾气（暴戾之气）、乖戾、戾虫（老虎的别名，以虎性暴戾凶猛，故名）。

古人笔下的鹤

近义词语　草木皆兵

反义词语　所向披靡

秀给你看　1995 年下半年，香港媒体全面对垒。你死我活的搏斗，一时风声鹤唳，到了年底，一场前所未有的报刊削价大战终于爆发了。

G 组

1. 甘之如饴 〔甘之如怡〕
——饴糖是"甘"甜的

汉语拼音 甘之如饴 gān zhī rú yí

汉语释义 甘:甜。饴:麦芽糖浆。感到像糖一样甜。形容甘愿承受艰难、痛苦。

字词PK "饴",米煎也。食字旁,即表示与吃的东西有关,因此"饴"的意思是指一种饴糖,用米和麦芽为原料制成的糖,读为yí。高粱饴、甘如饴蜜、饴浆(用米及麦芽为原料而制成的糖浆)、饴蜜(饴糖与蜂蜜)、饴饧(饴和饧)、饴津(甜汁)、饴盐(一种带甜味的盐)、饴饵(甜美的食物)、饴散(饴盐与散盐)。与"饴"相关的成语有:"甘之如饴"(感到像糖一样甜。形容甘愿承受艰难、痛苦)和"含饴弄孙"(含着糖逗弄小孙子,比喻老年人闲适生活的乐趣)。

"怡",和也。本义是指"和悦的样子",读为yí,引申为"喜悦的,使人心神感官愉快而又满足的样子",如:怡然自乐、心旷神怡、风景怡人、心情怡悦、怡怡(形容喜悦欢乐的样子)、神情怡和。

近义词语 甘如饴蜜

反义词语 苦不堪言

秀给你看 张雪峰学的是时下热门的经济信息管理专业,她完全有条件得到一个待遇优厚的职业,过上舒适的城市生活,但是她却作了另一番选择,到贫困艰苦的山区去当一名普通中学教师。这种选择,在有些人看来简直是傻帽,她却无怨无悔,甘之如饴。为什么?主要是她对于人生的价值有自己的态度。她在无私奉献中感受到了自我价值的实现。

2. 功亏一篑 〔功亏一蒉〕
——距离成功只差一筐(篑)土

汉语拼音 功亏一篑 gōng kuī yī kuì

汉语释义 亏:缺少。篑:盛土的筐子。比喻做事情只差最后一点,没能完成。

字词PK "篑",形声字。"竹"指竹制盛土筐子。"贵"指"中坚"、"支撑点"。"贵"与"竹"联合起来表示"抗洪抢险时用于堵塞堤防缺口的带土竹筐",因此"篑"的本义是"盛满土而不倒土的竹筐",读为 kuì,如:篑笼(运土用的竹具)、功亏一篑(比喻做事只差最后一点力量而未能完成)。"篑"相当于1998年长江抗洪抢险时用于紧急抛投在堤防缺口上的一次性使用的沙包,而非运送土石的工具或容器。

"功亏一篑"一词源于古文《尚书·旅獒》"为山九仞,功亏一篑",意思是:堆九仞高的土山,只差一筐土而不能完成。比喻一件大事只差最后一点儿人力、物力而不能成功,常常含惋惜的意义。

"蒉",形声字。草字头,即表示和草本植物有关。"贵"指"中坚"、"支撑"。"艹"与"贵"联合起来表示"用在抗洪抢险时堵塞决口的带土的植物编织袋",因此"蒉"的本义是指古代用草编的筐子。

近义词语 功败垂成

反义词语 善始善终

秀给你看 2000年奥运会,黄金宝在公路赛上功亏一篑,但是却无心插柳,获得了场地赛的资格。他在乌拉圭世界锦标赛B级比赛的场地赛上获得第一名,最后在悉尼奥运会上名列场地赛的第11名。

3. 沽名钓誉 〔估名钓誉〕

——买(沽)名声,骗(钓)荣誉,"沽钓"相对

汉语拼音 沽名钓誉 gū míng diào yù

汉语释义 沽:买。钓:用饵引鱼上钩,比喻骗取。用某种不正当的手段捞取名誉,也作"钓名沽誉"。

字词PK "沽",形声字,表示与河流或水流有关,因此"沽"的本义是古代河流的名称"沽水"。"沽"的基本字义有:(1)买,多指买酒,通"酤",如:沽酒市脯(买酒买菜)、沽酒(从市场上买来的酒;买酒)。李白曾创作一首广为流传的劝酒歌《将进酒》,其中有一句"主人何为言少钱,径须沽取对君酌",意思是说:店家你为什么还不去取酒,难道说是怕我少你的钱不成? 你只管给我的朋友把酒斟满就行了。(2)卖,出售。如:沽泊(卖酒)、沽家(酒馆)、沽卖(出售)、沽贩(经商,做买卖)、沽恩(卖好,讨好)。引申为"猎取,故意做作以谋取",如:沽名钓誉(以不正当的手法猎取名誉)、沽名卖直(故作正直以猎取名誉)、沽虚(猎取虚名)。

"估",形声字,本义是名词"物价",读为gū,引申为动词"对人或事物等做大概的推断","估价,估量",如:高估其价、估产(对财产进行正式的评价或估价;根据农作物的长势和气候条件估计或预测单位面积的产量)、估评、估价单(估计货物价值运费等的清

李白雕像

秒杀错别字

单）。"估"还可以读为"gù"，如"估衣"指的是出售的旧衣服或原料较次、加工较粗的新衣服；出售这些衣服的店铺称之为"估铺"。

近义词语 盗名窃誉 好大喜功 欺世盗名

反义词语 实至名归 名不虚传

秀给你看 我做这些事情，并非沽名钓誉，只是为了给社会多做点贡献，希望得到大家的理解。

4. 寡不敌众 〔寡不抵众〕
—— 人少"敌"不过人多

汉语拼音 寡不敌众 guǎ bù dí zhòng

汉语释义 寡不敌众：寡：少。敌：抵挡。形容人少的抵挡不住人多的。形容在战争中敌对双方的（人员）势力悬殊太大（孤军奋战不可以力敌）。

字词PK "敌"，仇也，形声字。本义是指"被瞄准击打的人"，引申为"有根本利害冲突而不能相容的仇人或物"，读为dí，如：敌人、敌意（仇视的心理；敌对的情感：心怀敌意）、敌国、敌视、强敌、杀敌、大敌当前、叛变投敌。引申为动词义"对抗，抵挡，抗拒"，如：所向无敌、寡不敌众。"敌"还可以指力量同等或相当，如：工力悉敌（工力：功夫和力量；悉：完全；敌：相当、相等。双方用的功夫和力量相当。常形容两个优秀的艺术作品不分上下）、匹敌、势均力敌、敌手（①力量或能力不相上下的对手：棋逢敌手，将遇良才。②敌人手里：情报员落入了敌手）。

"抵"，形声字，本义是指"用手掌顶住，支撑"，读为dǐ，区别于"抵掌"的"抵zhǐ"，如：把门抵住、用手抵着下巴。引申为"阻挡，抗拒"，如：抵抗、抵挡、抵触、抵制（①阻止有害的事物，不让它侵入或发生作用。②由于对重大问题有原则分歧，因而对有关的组织或活动不承认、不参与）。"抵"还有其他的基本义：（1）彼此对立，排斥，如：抵触、抵牾（矛盾）。（2）抵偿，用价值相等的事物作为赔偿或补偿，如：抵债、抵命。

(3)抵押。(4)抵消,如:收支相抵消。(5)代替,相当,如:家书抵万金、一个抵俩。(6)到达:抵达、平安抵京。(7)抵赖,用谎言和狡辩否认所犯过失或罪行,如:铁证如山,不容抵赖。

近义词语 众寡悬殊

反义词语 旗鼓相当

秀给你看 苏军拼死抵抗,拖拉机厂的工人队伍也英勇参战,终因寡不敌众,敌人于5日傍晚占领了拖拉机厂,并从这里突进到伏尔加河岸。

5. 鬼鬼祟祟 〔鬼鬼崇崇〕
——鬼怪(祟)的行为偷偷摸摸

汉语拼音 鬼鬼祟祟 guǐ guǐ suì suì

汉语释义 祟:鬼怪所造成的灾祸;鬼祟:鬼怪作祟,作弄。形容行动偷偷摸摸,不光明正大;或者另怀鬼胎,暗中使用诡计。

字词PK "祟",会意字。"示",与鬼神有关,与"出"联合起来表示鬼魅出来作怪,因此"祟"的本义是指鬼怪或鬼怪害人(迷信),借指行动诡秘,不正当,如鬼鬼祟祟、暗中作祟、私心作祟、祸祟(灾祸)、祟书(迷信者认为,人害病是鬼神作祟,而且鬼神何日何时作祟,可在书上查出,此书称为"祟书")、祟恶(指鬼神所作祸害)。

"崇",本义是指"山大而高",因此从"山"部。如:崇亘(高峻绵延)、崇崖(高峻的山崖)、崇山峻岭(高大陡峭的山岭)、崇崇(高耸的样子)。引申为"尊敬,重视",如:崇拜(尊敬钦佩)、崇奉、崇高品格、崇敬、崇洋媚外(一味崇尚洋人洋货,对外国人献媚讨好)、崇尚正义。"崇"也可用作姓氏。

近义词语 鬼头鬼脑

反义词语 正大光明

秀给你看 顺光看去:有两个人藏在路旁的岩石后面,鬼鬼祟祟地在蠕动。

H 组

1. 含蓄蕴藉 〔含蓄蕴籍〕
——草（艹）能含养精华

汉语拼音 含蓄蕴藉 hán xù yùn jiè

汉语释义 形容言语、诗文等含而不露，耐人寻味，或指思想、情感不轻易流露。如：意味蕴藉、蕴藉的微笑。

字词PK "藉"，垫在下面的东西，引申为"衬垫"，读为 jiè，如：枕藉、慰藉（抚慰）、蕴藉（含蓄）。同"借"，藉此。"藉"读为 jí 时，意为"践踏、欺凌"，引申为"凌乱的样子"，如：杯盘狼藉（杯盘等放得乱七八糟，形容宴饮后桌上凌乱的样子）。

"籍"，簿书也。本义是指"祖居地登记册"，引申为"户口簿"，再引申为"书册"。"籍"在现代汉语中的基本义有：（1）书册，登记册：书籍、古籍、典籍、户籍、削籍（官吏被革职，在官籍中除名）、除籍（于簿籍中除名）。（2）个人对国家或组织的隶属关系：国籍、党籍、学籍。（3）出生地或祖居地：祖籍、籍贯。（4）籍，姓氏。籍（Jí）姓源出有二：①出自姬姓，以官职为氏。春秋时期，晋国有个公族叫做伯黡的，是晋襄公的孙子，在朝廷里面专门负责管理晋国典籍的事情。伯厣的学问很好,他的后代中有的用籍作为姓氏,称为籍氏,是今天籍姓的起源。②以地名为氏。春秋时,卫国有籍圃、齐国有籍丘,住在那里的人以籍为氏。

秀给你看 张省的泼彩画别具一格。他大胆采用热烈的色彩,泼彩水面,艳艳的荷花把荷叶也染红了。他那恣纵的笔墨,炽烈的色彩,构成异彩纷呈、含蓄蕴藉的画面,透视出他热爱生活、拥抱生活的审美意蕴。

2. 和蔼可亲 〔和霭可亲〕

——态度温和(蔼)容易接近,与"烟雾"(霭)无关

汉语拼音 和蔼可亲 hé ǎi kě qīn

汉语释义 和蔼可亲,和气,谦逊。指一个人的修养很好,态度温和,容易接近。

字词PK "蔼",形声字。草字头,即表示与草本植物相关,"蔼"的本义是指"果实、树木繁茂的样子",引申为"和气、和善的样子",如:和蔼(态度温和,容易接近)、丛林蔼然(形容草木茂盛或众多的样子)、笑语蔼然(和气友善的样子)、蔼如(和气可亲的样子)。

"霭",云貌。本义是指"云雾气",引申为"烟雾,蒸气",如:云霭(云气)、暮霭(傍晚的云雾)、暮云霭霭(傍晚的云雾密集的样子)。在气象学中"霭"为细小的吸湿性小水滴,悬浮于空气中,使水平能见度在一公里以上。"霭"又称为轻雾,相对湿度较雾低,大致而言,在75%以上,但很少达100%。"霭"多呈灰色,浓度较高时,则呈白色,与雾接近。宋代词人柳永的《雨霖铃》就有一句脍炙人口的词"念去去千里烟波,暮霭沉沉楚天阔",意思是:想

柳永像

秒杀错别字

到今日离开便是从此远别，烟波浩渺，相隔千里万里，傍晚的云雾沉重地布满了南方的天空，无边无际。即使是森林中的暮霭也是"云雾气"，部首是表示"水"的"雨"。

近义词语 平易近人

反义词语 凶神恶煞

秀给你看 地球，这位人类的母亲，这个生命的摇篮，它是那样的美丽壮观，和蔼可亲；黄河，这位华夏儿女的母亲，这个中华的象征，它是那样雄伟壮丽，亲切可敬。

3. 和颜悦色 〔和言悦色〕
察言观色 〔察颜观色〕
——脸色（颜）和蔼；观察别人说话（言）

汉语拼音 ①和颜悦色 hé yán yuè sè　②察言观色 chá yán guān sè

汉语释义 ①和：平和；颜：面容；悦：愉快；色：脸色。脸色和蔼喜悦。形容和善可亲。②"察"和"观"都是"仔细看"；言：言语、话语；色：脸色。琢磨别人说的话，观察人的脸色，以揣度对方的心意。

字词PK "颜"，眉目之间也，形声字，本义是"印堂，即两眉之间"。引申为"面容，脸色"，如：龙颜大怒、容颜、和颜悦色、笑逐颜开。再引申为"体面，面子"，如：无颜见人、顾全颜面、颜面扫地。"颜"还可指"颜色、色彩"，如：五颜六色、颜料（用来着色的物质，也被称之为"着色剂"）。"颜"可用为姓，如：唐代颜真卿所写的字体被称之为"颜体"，参用篆书笔意写楷书，浑厚挺拔，开阔雄劲。另外"颜色"一词也有多种含义，可指"色彩"，如：颜色鲜艳、颜色繁多；也可指"脸上的表情"，如：羞愧的颜色；还可指"显示给人看的厉害的脸色或行动"，如：他若不听话，给他点儿颜色瞧瞧；还可指"女子的姿色、面貌"，如唐代白居易在《长恨歌》中所写"回眸一笑百媚生，六宫粉黛无颜色"，意在形容杨贵妃回头嫣然一笑，百般娇媚同时显现出来；六宫的粉白黛绿等妃嫔侍妾啊，立刻全都褪掉了色彩,全都给比下去了。

"言",指事字,本义是"说、说话"。许慎在《说文》中讲到"直言曰言,论难曰语",意思是说:无问而自己直说名为"言",有问有答名为"语"。"言(yán)"在现代汉语中的基本义有:(1)讲、说,如:言之在先、言说、言喻、言道、言欢、言情、言笑自若(谈笑自得的样子)、言不及义(义:义理,指事情的道理。指只说些无聊的话,没有一句说到正经的道理)、言不由衷(所说的话不是发自内心,形容口是心非)、言之无文(说话没有文采条理)。(2)说的话,如:言论、言辞、语言、言语、言简意赅

白居易像

(语言虽精练简洁,但已概括要义)、父母之言、畅所欲言、言多必失、言过其实(原指言语浮夸,超过实际才能,后亦指说话过分,不符合事实)。(3)汉语的字,如:五言诗、七言绝句、洋洋万言。(4)语助词,无义,如:言归于好(保持友谊,重新成为好朋友。言是虚字无义,调解和和解)。

近义词语　①平易近人　和蔼可亲　②鉴貌辨色

反义词语　①横眉怒目　杀气腾腾　声色俱厉

秀给你看　①张丽丽面带微笑,一连打开3个装茅台酒的纸箱,轻轻擦去灰尘,耐心地帮助顾客挑选,并且和颜悦色地介绍:"我们这是国有商店,商品都是经过严格检验的。"②在现实生活中,我们会遇到培根所描绘的人物,他随时会窥视你,静聆你的深情、坦率的谈话,真正是察言观色。他把自己掩盖在沉默中,却把观察所得深藏于心底,构成了"城府"的特色。

4. 哄堂大笑 〔轰堂大笑〕
——全屋子的人同时张口大笑

汉语拼音 哄堂大笑 hōng táng dà xiào

汉语释义 形容全屋子的人同时大笑。

字词PK "哄"是个多音字,有三种读音:hōng、hǒng、hòng。"哄",本义是指"许多人同时发声",也用来形容许多人大声笑或喧哗声,读为hōng,如:哄传(纷纷传说)、哄闹(众人同时喧闹)、哄抢一空(许多人拥上去抢购或抢夺财物)、哄堂大笑。"哄"读为hǒng时,意思是"说假话骗人",如:哄人、哄弄、哄骗。引申为"用语言或行动逗人喜欢",特指看小孩或逗小孩,如:哄逗、哄劝(用言辞劝说,使人乐意接受)、哄小孩儿。"哄"读为hòng时,意思是"吵闹,搅扰,开玩笑",如:起哄(故意吵闹扰乱,亦指开玩笑)、哄场(指观众喝倒彩)、一哄而散。"哄堂大笑"形容的是人的笑声,从"口";"轰"虽然也与声响有关,但指的是机器、雷声等。

"轰",群车声也。"轰"的繁体字为"轟",会意字。本义是指"群车行驶声",拟声词,形容巨大的声响,读为hōng,如:轰鸣、轰隆(象声词,形容雷声、爆炸声、机器声等)、轰动、轰响。引申为"炮击或爆炸",如:轰击、轰炸(从飞机上对地面或水上各种目标投掷炸弹)、炮轰。再引申为"赶走、驱赶",如:轰赶、轰走、轰出去。

近义词语 捧腹大笑

反义词语 泣不成声 涕泗滂沱

秀给你看 会议进行了没多久,会议主持人腰间的BP机也不甘寂寞地叫了起来,逗得场内哄堂大笑,有的观众竟笑岔了气儿。

5. 虎视眈眈 〔虎视耽耽〕

——像老虎那样凶狠地盯(目)着

汉语拼音　虎视眈眈 hǔ shì dān dān

汉语释义　眈眈:注视的样子。像老虎那样凶狠地盯着。形容心怀不善,伺机攫取。

字词PK　"眈",形声字,本义是"虎视之貌",老虎注视人的样子,现用来形容注视的样子,读为 dān,如:虎视眈眈。"耽",形声字,本义是"耳朵大而且下垂",引申为"沉溺、迷恋",读为 dān,如:耽于幻想。再引申为"停留、拖延、延误",如:耽搁、耽误(因拖延或错过时机而误事)。

近义词语　凶相毕露

反义词语　含情脉脉

047

秀给你看　捷克百威现在已经开始向可口可乐公司学习保护商标和配方的做法,而美国的百威公司则发展迅速,目前在海外已经有40多家分公司,啤酒产量是捷克国内所有啤酒总量的5倍,并且还虎视眈眈地想购买捷克百威公司的股份,以便将来有更多的机会扩大自己的市场份额。

6. 黄粱美梦 〔黄梁美梦〕

——美梦做完,小米饭(粱)还未蒸熟

汉语拼音　黄粱美梦 huáng liáng měi mèng

汉语释义　黄粱:小米。煮一锅小米饭的时间,做了一场好梦。比喻虚幻的梦想。

字词PK　"粱",从米,即表示与粮食谷物有关,"粱"指的是"高粱、白粱",是"粟"的一种优良品种,后泛称精美的饭食,如:粱糗(用稻粱制成的干粮)、粱菽(米与豆)、粱米(优良的米)、粱饭(精良的米煮成的

饭)。

"梁",会意字,本义是"水桥",借指为"水平方向的长条形承重构件,木结构屋架中专指顺着前后方向架在柱子上地长木",如:河梁(桥,又借指送别之地)、桥梁(桥)、梁头(桥头)、梁津(桥梁与渡口)。引申为"山谷之间的延绵高地,又指身体或物体上居中拱起或成弧形的部分",如:山梁、脊梁、鼻梁、横梁、悬梁(在房梁上上吊)、梁楹(屋梁和大柱)。"梁"还可用作姓氏,如:双双化蝶的"梁山伯与祝英台"。

近义词语 南柯一梦 邯郸一梦 一枕黄粱

秀给你看 他散布谣言,蛊惑人心,说啥 1952 年,应该改皇元,现在早已是 1956 年了,他的黄粱美梦破灭了。

7. 毁家纾难 〔毁家抒难〕
——捐献家产解救(纾)国难,与"抒发"无关

汉语拼音 毁家纾难 huǐ jiā shū nàn

汉语释义 毁,破坏,毁坏。纾,缓和,解除。不惜捐献所有家产,帮助国家减轻困难、解救国难的行为,指牺牲自我。

字词PK "纾",缓也,形声字。本义是"延缓",引申为"解除",如:纾缓(使宽缓)、纾回(缓慢曲折)、纾宽(宽舒)、纾忧(解除忧患)、毁家纾难、纾困(解除或缓解困难)。

"抒",形声字,本义为"击刺中的矛",引申义为"向前击刺",再引申为"向前推送"。"手"和"予"联合起来表示"用手向前推送物品"。本义是"推送、投送",读为 shū,引申为"发出、表达、倾吐",如:抒情(表达情思,抒发情感)、抒写(抒情描写)、抒怀、抒发、各抒己见、直抒胸臆、抒愤。

近义词语 精忠报国 舍身为国

反义词语 损公肥私 自私自利

秀给你看 林受之在新加坡成为巨富,但为了支持黄花岗起义,

毁家纾难,连两位夫人的私蓄也都献出。

8. 火中取栗 〔火中取栗〕
——替人冒险从火中取板栗

汉语拼音 火中取栗 huǒ zhōng qǔ lì

汉语释义 火:炉火。栗:板栗,坚果。偷取炉火里烤熟了的栗子。比喻受人利用,替人冒险出力,自己却一无所得。

字词PK "栗"是一种落叶乔木,果实叫栗子,果仁味甜,可以吃;木材坚实,供建筑和制器具用;树皮可供鞣皮及染色用;叶子可喂蚕,读为 lì,如:栗子、毛栗壳、板栗(栗子树的果实)、栗色(像栗子皮那样的颜色,即紫黑色)、栗暴(把手指弯曲起来打人头顶叫打栗暴或凿栗暴,因被击处肿块如栗)、火中取栗。"栗"

板 栗

还可用来形容哆嗦、发抖的样子,如:不寒而栗(不寒冷而发抖,形容非常恐惧)、战栗(发抖,因害怕或寒冷肢体颤动)、栗然。

"粟",会意字,本义是"西米(西方之谷)",读为 sù。"粟"本是中国古人自己驯化发展成功的一种草本植物,子实为圆形或椭圆小粒,北方通称"谷子",去皮后颗粒极小故被称为"小米",古代用"粟"泛称谷类,如:粟子、沧海一粟、重农贵粟。之所以称之为"西米",是因为中国古代有一个五谷配五方的说法:"凡禾,麦居东方,黍居南方,稻居中央,粟居西方,菽居北方。""粟"原产于中国北方黄河流域,是中国古代的主要粮食作物,所以夏代和商代属于"粟文化"。粟耐旱,品种繁多,俗称"粟有五彩",有白、红、黄、黑、橙、紫各种颜色的小米,也有黏性小米。中国

秒杀错别字

最早的酒也是用小米酿造的。西方语言一般对粟、黍、御谷和其他一些粒小的杂粮有统称,非农业专家一般不分。古代的粟是黍、稷之类粮食的总称。人们把一种比较细的粱叫做粟,北方人把粟米叫做小米。简单区分为:穗大、毛长并且粒粗的是粱,穗小、毛短并且粒细的是粟。"粟"可作姓氏,如中国开国元勋之一的粟裕将军。

秀给你看 在这三天里,呼国庆是一阵清楚一阵糊涂,清楚的时候,他觉得他像是一个"偷儿",他是在"火中取粟",惶惶不安的程度像是到了世界的末日!于是,与小谢相处的每一分每一秒都是珍贵的,都成了他的最后一刻。

9. 昏聩无能 〔昏馈无能〕
——看不清,也听不清,与"耳"相关

汉语拼音 昏聩无能 hūn kuì wú néng

汉语释义 昏:眼睛看不清楚。聩:耳朵听不清楚。眼花耳聋,没有能力。比喻头脑糊涂,没有能力,分不清是非。

字词PK "聩",形声字,本义是指"耳听人语声",转义为"耳听嘈杂声",转义的引申义是"只能听到杂音而不能听清人语声的半耳聋疾病"。人语声是环境声响中的精华部分,只有听懂了这一部分声音,人才能在人类社会中生存和生活。如果听力机能出了问题,不能听清人语声,而只能听到环境的嘈杂声,那么他的生存和生活就会遭遇极大困难,因此"聩"是耳聋的意思,读为 kuì。文献中的"聩"字,主要指主观上不能听逆耳忠言,而爱听阿谀献媚的嘈杂声;或指一种半耳聋性疾病,患者能听到环境声响,但无法听清人语声。如:振聋发聩(发出很大的声响,使耳聋的人也能听见,比喻用语言文字唤醒糊涂的人,也作"发聋振聩")、昏聩(昏庸,不明事理)。

"馈",形声字,本义是"以食物送人",引申为"赠送",读为 kuì,如:馈赠、馈送、馈以鲜果、馈养。"馈"还可以指"传输",如:馈线、反馈。

秀给你看　或许有人会说,杜甫所说的知音是指刘备式的当权者,这更是大谬不然。第一,封建时代的当权者昏聩无能之辈居多,重视人才的极少;第二,即使有礼贤下士的当权人物,其对人才的态度也多是出于一时的需要,很少能尽用其才,善始善终。

J组

1. 掎角之势 〔犄角之势〕
——夹击敌人要用手（扌）

汉语拼音 掎角之势 jǐ jiǎo zhī shì

汉语释义 "掎角之势"原指从两方面夹攻敌人，现比喻战争中互相配合、夹击敌人的态势，或分出一部分兵力以牵制敌人或互相支援的形势（掎：拉住，指拉住腿；角：指抓住角；掎角：夹击敌人）。

字词PK "掎"的本义是指"从旁或从后用力拉住、拖住、牵制，使不能自由行动"，读为jǐ，如：掎止（从后截获）、掎角之势。

"犄"，本义是指动物的角，读为jī，如：羊犄角、牛犄角。引申为"两个边沿成角形的地方，棱角、角落"，如：桌子犄角儿、柜子犄角儿、墙犄角儿、屋犄角儿。

注：在目前的高考中，"掎角之势"是正确写法，"犄角之势"错误。但作为"犄角"时，应为"犄"，而不能用"掎"。

据《北齐书》记载:元象年间,西魏权臣宇文泰再次率兵大举攻打河阳。高欢率众抵抗,吩咐斛律金赶往太州,形成掎角之势。金抵晋州,由于西魏军撤退而中途改变计划,即与行台薛修义共同攻乔山的敌寇。高欢很快赶到,乔山之敌被歼灭。

2. 激浊扬清 〔击浊扬清〕
—— 清水上来要冲去(激)脏水

汉语拼音 激浊扬清 jī zhuó yáng qīng

汉语释义 激:冲去;浊:脏水;清:清水。冲去污水,让清水上来。比喻清除坏的,发扬好的。

字词PK "激",形声字,本义是指"水流受到阻碍而涌起或溅起",读为jī,如:海水激起了浪花。引申为"使感情冲动",如:激发、激励、感激、请将不如激将、激动、激怒、刺激。再引申为"急剧的,猛烈的",如:激烈、激战、激流。

"击",本义为"敲击,敲打",如:击掌、击鼓、迎头痛击。引申为"攻打、碰撞、接触",如:击败、击溃、攻击、袭击、目击、冲击、撞击。

此成语出自于《尸子·君治》:"扬清激浊,荡去滓秽,义也。"意思是说:冲去污水,让清水上来,洗涤掉渣子和污秽,这是正义的事情。比喻抨击、清除坏人坏事,表彰、发扬好人好事。西晋时期司空从事中郎好说大话,他说如果他居于督察百官的地位,就一定像冲除脏水、浮上清水那样除掉恶人奖励好人。他只是说说而已,实际上并没有那样去做。在"八王之乱"中,作为尚书的他见哪个王有势力就投靠哪个。河间王颙(音"yóng",八王之一)很信任他,封他为平北将军,后来被颙长史杨腾所杀。

近义词语 隐恶扬善

秀给你看 相声,这被侯宝林先生称为"笑的艺术"的艺术形式,利用捧、哏、逗、说等等手法,其中精彩的片断,风趣的对白,熔高雅诙谐于

一炉,合寓意和风趣共一体,常常会使得"台上台下呵成一气",大有"一个小丑进城胜过十个名医"之妙呢!至于相声段子中那意思是针砭时弊、革故鼎新也好,是嘲讽世事、激浊扬清也罢,是忍俊沉吟、陶冶性情也行,其意味、意趣都是极浓的。

3. 嘉言懿行 〔佳言懿行〕
——有益的言论(嘉言),高尚的行为(懿行)

汉语拼音 嘉言懿行 jiā yán yì xíng

汉语释义 嘉、懿:美,好。常指有益的言论和高尚的行为。一般作主语、宾语。

字词 PK "嘉"的本义是指"呐喊声伴随鼓声",引申为"美好的东西",如:嘉礼、嘉惠(敬辞,称别人所给予的恩惠)、嘉宾如云、嘉言懿行(有教育意义的好语言或好行为,形容美善的言行)、享嘉之会(美好的事物聚会在一起,比喻优秀人物济济一堂)。再引申为"对美好的东西夸奖、赞许",如:嘉勉、嘉奖(军队纪律条令规定的一种奖励,分别采取队前、会议、书面的方式宣布,并登记存档;称赞的话语或奖励的物品)、嘉纳(赞许并采纳)。

"佳",善也。"佳"的本义是指"长相出色的人",引申为"美好的、善的",读为 jiā,如:佳句、佳作(出众的文艺作品)、静盼佳音(好的消息)、佳话(美谈,传诵一时的美事)、佳节(美好的节日)、渐入佳境(逐渐进入了美好的境界)。

汉武帝时期有一首著名的《佳人歌》,此诗作由李延年为其妹妹李氏所作,李氏歌罢,令汉武帝驻足引领,生出对佳人李氏的心向神往之情,后李氏被封为夫人,生汉武帝第五子刘髆(昌邑王),后追封为皇后。《佳人歌》:"北方有佳人,绝世而独立。一顾倾人城,再顾倾人国。宁不知倾城与倾国?佳人难再得!"意思是:北方有位美丽的姑娘,姿容出落之美,简直是举世无双;其幽静娴雅之性,更见独立世俗之外。她对守城的将士瞧一眼,将士弃械,墙垣失守;她对君临天下的皇帝瞧一眼,皇帝倾心,国家败亡! 美丽的姑娘呀,常常带来"倾城、倾国"的灾难。

近义词语 瑰意琦行

反义词语 污言秽行 为非作歹

秀给你看 无疑每个人都能说出自己的姓和名,然而,却未必知晓本姓氏的由来,始祖是谁,发源于哪里,郡望在何处,历代演变繁衍的踪迹怎样,涌现过哪些先贤英烈,留下多少万古传颂的嘉言懿行,在海外还有哪些同胞兄弟? 一句话,我从哪里来? 我去何处寻根?

4. 精神涣散 〔精神焕散〕
焕然一新 〔涣然一新〕
—— 精神散漫如"水";旧貌改变光亮如"火"

汉语拼音 ①精神涣散 jīng shén huàn sàn ②焕然一新 huàn rán yī xīn

汉语释义 ①"精神涣散"指一个人注意力不集中,精神状态松散,懒散;而"精神焕发"则是形容光彩四射的样子,表示精神振作,情绪饱满。②焕然:鲜明光亮的样子。改变旧面貌,出现崭新的气象。

字词PK "涣",流散也。本义为"流散,离散",读为 huàn。"涣然冰释",如冰之溶解消散,多用以指嫌隙、误会、疑虑等完全消散。"涣散"指精神、组织、纪律等方面散漫、松懈,如:纪律涣散、士气涣散、精神涣散、涣散军心、涣散组织。

"焕",火光也。本义是指"火光",引申为"光明、光亮",读为 huàn。"焕发"指的是散发出年轻人所特有的健康的红润,喻指充满或显示出热情洋溢、精神愉快的面貌,如:精神焕发、容光焕发、焕发激情、焕发革命精神。再如:焕目(耀眼的光芒映射,使人眼花)、焕然一新(形容出现了崭新的面貌,给人全新的感觉)。

近义词语 ①没精打采 萎靡不振 ②耳目一新 焕然如新

反义词语　①容光焕发　②依然如故

秀给你看　①我最近反应迟钝,精神涣散,还老是听不清楚别人说的话,可能是最近压力过大,睡眠不足吧。②农村公路建设使农村公路面貌焕然一新,公路的"通畅率"和"通达率"明显提高,客货运输也得到了很大发展,为农副产品转化为商品创造了条件,为农民从传统农业向以市场为导向的高附加值农业转变创造了条件。

K 组

1. 开门揖盗 〔开门缉盗〕
——拱手作"揖"请强盗进门

汉语拼音 开门揖盗 kāi mén yī dào

汉语释义 揖:拱手作礼。开门请强盗进来。比喻引进坏人,招致祸患。

字词 PK "揖",形声字,本义是古代的一种拱手礼,读为 yī,如:作(zuō)揖、揖别、揖客(长揖不拜之客;向客拱手为礼)、揖游(古代行礼时依礼仪进退俯仰)、揖让(宾主相见的礼仪;禅让,让位于贤)。"开门揖盗"是指开了门用拱手礼请强盗进门来,比喻引进坏人来危害自己。

"缉",形声字,本义是指"把麻搓成线",如:缉麻。借用为"缉拿,搜捕",读为 jī,如:缉听(向各处去搜集消息)、缉凶(搜捕凶犯)、缉擒(捉拿,缉拿)、缉获、缉探人(侦察人员)、缉私、通缉、缉毒。"缉"还可读作 qī,是一种缝纫方法,用相连的针脚密密地缝,如:缉边儿、缉鞋口。

近义词语 引狼入室　自讨苦吃

反义词语 敬而远之　如临大敌

秀给你看 抗日战争的历史说明,一个国家,一个民族,要想捍卫自己的独立主权,维护自己的尊严,必须加强军队现代化建设,建立强大的国防。有国无防无异于开门揖盗。

2. 开源节流 〔开源截流〕
——开发水源,节制水流,与"截断"无关

汉语拼音 开源节流 kāi yuán jié liú

汉语释义 开:开发,开辟;源:水源。开发水源,节制水流。比喻增加收入,节省开支。

字词PK "节",其繁体字为"節",形声字。本义:竹节,泛指草木枝干间坚实结节的部分,如:节骨眼儿(喻关键的,能起决定性作用的环节或时机)、关节。引申为"由一整体分成的部分、段、区、片段或章节",如:章节、音节、季节、时节、两节车厢、三节课。另外"节"在现代汉字中还有"俭省、节约"之意,如:节俭(生活俭省,有节制)、节能(在能源的利用上节约、不浪费)、节省(把可以不耗费的减省下来)、节衣缩食(省吃省穿,泛指极度俭缩)。

"截",断也,形声字。出自于《诗·商颂·长发》:"相土烈烈,海外有截",意思是说先公相土名扬海外,他想要捉拿的罪犯,哪怕逃到海外,如朝鲜那些地方,也会像军阵上空的飞鸟被排箭阻击那样被阻断逃路,最终被捉拿归案。因此"截"的本义是"切断、阻断逃路",引申为"阻拦、阻击",读为 jié,如:截断、截开、截长补短(截取长的,补充短的。比喻用长处补短处)、截趾适履(脚大鞋小,切断脚趾去适应鞋子的大小。比喻勉强凑合或无原则的迁就)、快截住他。还可以用作量词"段",如:一截儿路、下半截子。

"截流"的"截"是"截断,把东西一分为二","截流"是指在水道中截断水流,以提高水位或改变水流的方向,如:截流工程。"节流"的"节"是"节制、节约","节流"是指节制流入或流出,尤指节制水流或用节流阀调节;比喻在财政上节省一些不必要的开支。

节俭和遵守礼节是人们的行为准则。一个社会没有礼节,犹如球场上的比赛没有规则,将会乱套。据说,周公曾经制"礼",就是为了使社会生活有所规范,使人们行为有度。又据说,春秋时代的孔子对周礼十分向往,主张"克己复礼",表明他对以礼治国的重视。中国历来被称做"礼仪之邦",大概便是指的始自周代的尊礼传统。遵守礼节可以算作是有教养的文明表现。节制克俭可以使人保持清醒的头脑,懂得应当珍惜什么。这些美德,应当成为社会全体成员信奉和遵守的准则,尤其是统治集团的成员,更应成为表率。这不仅是因为他们代表着国家的形象,而且也因为他们手中握有可以使人头脑膨胀的权力。

近义词语 增产节约

反义词语 大手大脚 铺张浪费 挥霍无度

秀给你看 我们的财政工作必须坚持量力而行、量入为出、勤俭节约、开源节流,有所为,有所不为。

3. 恪尽职守 〔克尽职守〕
——谨慎认真的工作需要用"心"

汉语拼音 恪尽职守 kè jìn zhí shǒu

汉语释义 恪:谨慎,恭敬。尽:完善。谨慎认真地做好自己的本职工作。

字词PK "恪",形声字,本义是指谨慎地选择方向和道路,引申为"谨慎、小心、恭敬",如:恪遵、恪慎、恪守(谨慎而恭顺地遵守)。

"克",象形字,本义是指"胜任,能够",如:克勤克俭(既能勤劳,又能节俭)、不克分身。现代汉语中"克"的基本义有:(1)战胜,攻下:攻克、克敌、克复(战胜敌人并收回失地)。"攻无不克,战无不胜"指的就是只要攻打了,没有战胜不了的;只要战斗了,没有胜利不了的。形容力量无比强大,每战必胜,战斗力极强。(2)相制约,相威胁:五行相克、克

己奉公、以柔克刚、克服、克制（抑制，多指情感）、克己复礼（儒家指约束自己，使每件事都归于"礼"。"克己复礼"是达到仁的境界的修养方法）。(3)严格限定期限：克日、克期。(4)消化：克化、克食。(5)国际单位制的质量单位，1 克等于 1 千克（公斤）的千分之一。

近义词语 忠于职守

反义词语 敷衍塞责

秀给你看 负责保卫使馆小组安全的 6 名中国武警战士在艰苦危险的工作环境中，昼夜站岗执勤、执行外出保卫任务，恪尽职守，从不叫苦叫累。他们用热血与忠诚，在这片远离祖国亲人的土地上树立起中国军人的丰碑。

4. 脍炙人口 ［烩炙人口］
——切细的烤肉（脍）人人爱吃

汉语拼音 脍炙人口 kuài zhì rén kǒu

汉语释义 脍：切得很细的肉。炙：烤熟的肉。原来指人人爱吃的美食，现比喻好的诗文受到人们的称赞和传颂。

字词 PK "脍"，细切肉也。本义是指切细切薄的肉，读为 kuài。"炙"是会意字，上面是肉，下面是火，就是用火烤的肉。"脍"和"炙"都是人们爱吃的食物，"脍炙人口"泛指美味可口的东西，人人爱吃，比喻好的诗文或其他事物受到人们的广为称赞和传颂。孔子在《论语·乡党》中有一句"食不厌精，脍不厌细"，意思是说：粮食做得越精越好，肉切得越细越好。形容食物要精制

《论语》书影

细做。

"烩",是一种烹饪方法,读为 huì,指将原料油炸或煮熟后改刀,放入锅内加辅料、调料、高汤烩制的方法。具体做法是将原料投入锅中略炒或在滚油中过油或在沸水中略烫之后,放在锅内加水或浓肉汤,再加佐料,用武火煮片刻,然后加入芡汁拌匀至熟。这种方法多用于烹制鱼虾和肉丝、肉片,如烩鱼块、肉丝、鸡丝、虾仁之类。也可以指把米饭等和荤菜、素菜混在一起加水煮,如:烩饭、烩饼、大杂烩。比喻把不相关的人或事拉扯在一起,如:别把我烩在大红人里面。

近义词语 喜闻乐见　交口称誉

反义词语 平淡无味

秀给你看 我国古典诗歌内蕴丰富,很能激发人们的联想和想象。"日出江花红胜火,春来江水绿如蓝",吟咏这脍炙人口的诗句,谁不为春回大地后祖国母亲多姿多彩的面貌而自豪。

L组

1. 流光溢彩 〔流光异彩〕
——流光像水，满了则溢

汉语拼音 流光溢彩 liú guāng yì cǎi

汉语释义 流光：闪烁流动的光，特指月光。流光溢彩：流动的光影，满溢的色彩，形容光影流动闪烁，色彩明丽，光彩照人。

字词PK "溢"，器满也。像水从器皿中漫出，因此它的本义是"过满为溢"、"水漫出来"，引申为"满、充满、充塞"，如：溢决（水满破堤）、溢气坌涌（才气横溢，喷涌而出）、溢满（充满）。《庄子》中有一句"夫两喜必多溢

庄子雕像

美之言,两怒必多溢恶之言"。此句中的"溢"是个形容词,"过度、过分、过多、超过"的意思,如:溢誉(过度的称誉)、溢恶(过分指责)、溢美(过分赞美)、溢言(过甚的言辞)、溢言虚美(过甚其词、不符合实际地称美)。"异"强调的是"不同的、有区别的、特别的、独特的"的意义,而"溢"强调的是"水溢出来、满、过多、过分、增加"的意思。

　　"异",怪也,奇也。"异"的繁体字形为"異",会意字。"田"指田地、田亩。"共"指"共有"。"田"与"共"联合起来表示"共有田亩",因此"异"的本义是指"与私田及公田都不相同的田亩,奇特的田地",引申为"不同的、奇特的"。说明:共有田地属于两家共有或多家共有的情况,并非公有,类似于今天的农村土地集体所有不等同于公有的情况。古代田地有私田、公田和共田三种。私田就是今天的口粮田、自留地;公田属于政府,由农民无偿为公家耕作,是"井田制"的产物,最初实行于鲁西豫东地区,时间在五帝时代。共田就是两个庄稼户或多个庄稼户合力开垦的田地,由这两家或多家农户一起耕种,收成平分,这种田地数量很少,属于特异田地。"异"的基本义有:(1)不同的,如:异乎、异说、异常、异己(与自己意见不同或利害相冲突的人)、异端邪说(旧时指与正统思想不同的有害的主张或教义)、异化、异性、大同小异、异曲同工、异口同声。(2)分开,如:离异、异居。(3)另外的,别的,如:异日、异地、异国他乡、异类。(4)特别的,独特的,如:奇异、异闻、奇才异能、奇花异草。(5)奇怪,如:惊异、诧异、怪异。(6)变化,如:日新月异。

近义词语　光彩夺目

秀给你看　冰城哈尔滨白天阳光普照,喜气洋洋,笑语声、鞭炮声不绝于耳,夜晚冰灯、红灯、楼体灯、高射灯和烟花、焰火交相辉映,把整座城市化作流光溢彩的不夜城。
． ． ． ．

2. 龙盘虎踞 〔龙盘虎据〕
——老虎用"足"蹲坐

汉语拼音 龙盘虎踞 lóng pán hǔ jù

汉语释义 盘:曲折环绕,踞:蹲、坐。好像盘绕的龙,蹲伏的虎,特指南京。也形容地势雄伟险要。

字词PK "踞",蹲也,形声字。"居"意为"身体长时间不挪动位置"。"足"与"居"联合起来表示"腿足屈曲、身体长时间不挪动位置",因此"踞"的本义是指"蹲或坐",读为 jù,如:龙盘虎踞(形容地势险要)、踞坐(坐的一种姿势,两脚底和臀部着地或其他面上,两膝上耸,即蹲)、箕踞(古人席地而坐把两腿像八字形分开)。引申为"占据、盘踞",如:雄踞一方。

"据",杖持也,形声字。提手旁,即表示与手所联系的动作有关,其本义是指"手靠着",引申为"凭借、依靠、占据",读为 jù,如:据点、据险固守、据为己有。作名词时表示"可以用作证明的事物或凭证",如:证据、凭据、论据、票据、实据。"据"还有"按照,根据"之意,如:据理力争、据实报告、据民歌改编。"据"还可读作 jū,如:拮据(形容经济境况不好,缺少钱,境况窘迫)。

反义词语 一马平川

秀给你看 会徽图案为红黄两色,既是中国最吉祥和欢乐的颜色,又是中国国旗的色彩组合。会徽设计意在以龙盘虎踞的艺术形象,体现江苏丰厚的历史文化底蕴和浓郁的地域特征,以及竞技体育生龙活虎的鲜明特点。

3. 戮力同心 〔戳力同心〕
——齐心合(戮)力,与"戳破"无关

汉语拼音 戮力同心 lù lì tóng xīn

汉语释义 戮力:并力,合力;同心:思想一致,很齐心。指齐心合力,团结一致。

字词PK "戮",杀也,形声字。"翏"本义为"羽毛集束"、"许多支羽毛黏合在一起",引申为"黏合"、"合并"。"翏"与"戈"联合起来表示"合并杀死"、"集体屠杀"。本义是指"集体屠杀",引申为"集体、合并、一块儿",读为 lù,如:杀戮、戮尸枭首(斩杀死者的尸体,并砍下他的头颅)、屠戮、戮没(杀戮和没收)、戮力同心(齐心合力,通力合作)。此外,还有"羞辱、侮辱"之意,如:戮民、戮辱等。

"戳",形声字,从戈,翟(dí)声。本义是指"用锐器的尖端刺击",读为 chuō,引申为"因猛触硬物而受伤或损坏",如:戳穿(刺穿;说破,揭穿)、戳脊梁骨(在背后指责讥笑)、戳伤、戳了手。再引申为"竖立,站立",如:把棍子戳住。"戳"还可用作名词,指的是"在金属、纸张或柔软或有吸收力的材料上压印或印制图案或图样的印模或工具,即图章",如:戳记、盖戳子、邮戳、手戳。

近义词语 同心同德　万众一心

反义词语 离心离德　四分五裂

秀给你看 在任何情况下始终不渝地坚持和发扬航天精神,戮力同心,克服面临的困难攻下新的难关,再上航天事业的新高峰,为中华民族争气。

4. 绿草如茵 〔绿草如荫〕
绿树成荫 〔绿树成阴〕
——草地像毯子(茵);绿树成浓荫

汉语拼音　①绿草如茵 lù cǎo rú yīn　②绿树成荫 lù shù chéng yīn

汉语释义　①绿草如茵:茵:铺垫的东西,垫子、褥子、毯子的通称。形容草十分茂盛,绿油油的,像绿毯一般柔软,好像铺在地上的被褥。形容草的覆盖面积大。也作"碧草如茵(bì cǎo rú yīn)"或"芳草如茵(fāng cǎo rú yīn)"。②绿树成荫:树木枝叶茂密,遮蔽了阳光。"绿树成荫(yīn)"也作"绿树成阴(yīn)"。

字词PK　"茵",车重席也,形声字。"因"本指"承上启下",引申指"出生以后,死亡之前"。"艹"与"因"联合起来指"野草交叉倒伏貌"。本义是指"野草交叉倒伏的样子",转义成"用干草交叉相叠法所制成的垫子或褥子"。"绿草茵茵"指的就是青草茂密浓厚,像被褥一样。另外赵南星所说的"毙者相茵"即指尸体如野草倒伏叠交的样子。"茵褥"就是褥垫。

"荫",草阴地也,形声字,本义是指"树阴,即林木遮住日光所成的阴影"。读 yīn 时是名词性,当"树荫"讲,如:树荫、绿树成荫、荫蔽(遮蔽,隐蔽)、阴翳(荫蔽;枝叶繁茂)、林荫道;读 yìn 时是动词性,当"荫庇、荫凉"讲,"荫庇"是指大树枝叶繁茂遮蔽了阳光,适宜人们休息,比喻尊长照顾晚辈或祖宗保佑子孙;"荫凉"是指因太阳晒不着而凉爽。再如:荫恤(封建时代子孙因先世有功劳而循例受封、得官或抚恤)、荫籍(依赖先辈有功而得到恩赐的官职)、荫生(因先世荫庇而入国子监读书的称为荫生)。

秀给你看　①青藏高原上有着白雪皑皑的雪峰,晶莹耀眼的冰川和湛蓝的湖泊。绿草如茵的草原上,放牧着成群牦牛和绵羊。这里不仅景色十分迷人,而且有着丰富的地热资源,蕴藏着石油、煤炭、有色金属等

青藏高原

宝藏,雅鲁藏布江谷地还是西藏的重要粮食作物——青稞的产地。②在浩瀚无边、黄沙漫漫的沙漠中,人们有时能看到一片片水草丛生、绿树成荫、泉水潺潺、牛羊成群的绿洲,好像是黄色沙海中的绿色岛屿,也是沙漠中唯一的绿地。

5. 膂力过人　〔旅力过人〕

——"肌肉"(月)结实才会膂力过人

汉语拼音　膂力过人 lǚ lì guò rén

汉语释义　膂力:体力。体力过人。通常形容力气大。

字词 PK　"膂",脊也。本义是指"脊柱两旁的肌肉",即"脊梁骨"的意思。膂力(lǚ lì)指的是"力气、体力",《后汉书·董卓传》中就用"卓膂力过人,双带两鞬,左右驰射"的词句描述董卓力大无穷。

"旅",军之五百人为旅。会意字,"旅"的本义是指"古代军队五百

人为一旅",它是一种军队编制单位,上古一般以五百人为旅,齐制二千人为旅;现代指师以下的单位,基本上由司令部和两个或者两个以上的团或大队组成的战术和行政单位。"旅"的基本义有:(1)出行的,在外作客的:旅行(xíng)、旅馆、旅次、旅居、旅客、旅伴。(2)军队的编制单位,在师与团之间。(3)泛指军队:军旅、强兵劲旅。(4)共同:旅进旅退。

近义词语 力大无穷

秀给你看 塞纳特的风格,具有流畅、准确而活泼的特点,他善于掌握剧情的进度,并且以他从格里菲斯那里学来的那种准确方式,使用蒙太奇。疯狂和自由不羁是他作品的特征,在他的作品里,特技摄影使那些最不真实的事实也变为可能。例如:摩托车在电线上行驶;汽车从电车上面越过;膂力过人的大力士把被他打倒的敌人举起来,像扔石头那样抛掷;两只脚并在一起跳过一堵墙,等等,这些都和从七层楼上跳下来同样成为电影的特技。

M 组

1. 买椟还珠　〔买牍还珠〕

——买下木匣(椟),退还了珍珠

汉语拼音　买椟还珠 mǎi dú huán zhū

汉语释义　椟:木匣;珠:珍珠。买下木匣,退还了珍珠。比喻那些没有眼光,取舍不当,只重外表,不重实质的人。又讽刺那些不了解事物本质,舍本逐末、弃主求次的人。

字词PK　"椟",形声字,本义是"木柜,木匣",读为 dú,如《论语·季氏》中有一句"虎兕出于柙,龟玉毁于椟中,是谁之过与?"意思是说:老虎和犀牛从笼子里跑出,(占卜用的)龟甲和(祭祀用的)玉器在匣子里被毁坏,这是谁的过错呢? 出现"虎兕出于柙,龟玉毁于椟中"的情况,其过错既不在于虎兕和龟玉,也不在于柙和椟,而在于它们的看管人和保管人。同样,季氏将伐颛臾,也是辅佐季氏的冉有和季路的责任。又如:椟玉(收藏在匣中的美玉)、椟匮(匣柜)、椟栌(汲水器具),后用来特指珠宝盒,如:买椟还珠。

"牍"在许慎《说文》中的解释:"牍,书版也。长一尺,既书曰牍,未

书曰椠。"意思是说"牍"是书写字的木片,已经写了字的叫"牍",没有写字的叫"椠"。"牍"是形声字,本义是"古代写字用的木片",也称"木简",读为dú,后来也指公文、书信,如:文牍(公文)、尺牍(书信)、牍背(狱史于书板背面书写文句。后用为遭受冤狱的典实)、案牍、简牍、连篇累牍。

近义词语 舍本逐末 本末倒置 取舍不当

反义词语 去粗取精

秀给你看 忆往昔,包装不受重视,以致质量精美的商品被粗糙、简陋的包装埋没了,既贬值,又上不了台面,从这个意义上说,如今肯在包装上下功夫,无疑是个进步。但做任何事情都得有个限度。人家买的是商品,而不是包装,任何时候,商品的质量、性能、款式、适用性等等都是主要的,不能本末倒置。古时有个"买椟还珠"的故事,说的是郑国人看到楚国人卖珍珠的匣子很华贵,竟然买下了匣子而退还了珍珠,这种傻事现在恐怕没人会干了。

2. 靡靡之音 〔糜糜之音〕
——"非"常之音很柔弱,与"米"无关

汉语拼音 靡靡之音 mǐ mǐ zhī yīn

汉语释义 靡靡:柔弱,萎靡不振。靡靡之音指使人萎靡不振的音乐。指颓废淫荡、低级趣味的乐曲。

字词PK "靡",无也,形声字。本义是"无、没有",读为mí,如:靡及(达不到)、靡室靡家、靡日不思、靡不有初、靡计不施。读为mǐ时,还有两个基本义:(1)顺风倒下、散乱,如:风靡一时、萎靡不振、所向披靡、天下靡然(一边倒的样子)从之。(2)华丽、美好,如:靡丽(华丽、奢华)、靡靡(华丽而堂皇)、靡靡之乐(古指亡国的声乐,现指淫靡而不健康向上的庸俗音乐。亦作"靡靡之音")。

"靡"还可读作mí,意思是"浪费、奢侈",如:靡荡、奢靡、靡费(奢侈

浪费,过度地消耗费用,也作"糜费")、靡货(奢侈品)。再如《庄子·天下》中写道"不侈于后世,不靡于万物,不晖于数度,以绳墨自矫而备世之急",意思是:不使后世奢侈,不浪费万物,不炫耀礼仪法度,用规矩来勉励自己,以备担当世间的急难。

"糜",粥之稠者曰糜,形声字。本义是"粥或像粥一样的食物",读为 mí,如:糜粥。这个让人云里雾里的名字,其实就是最朴实无华的粥。广东人好粥,但潮汕的糜个性鲜明,煮时火要猛,绝不可中途加水,煮到米粒爆腰就大功告成,出锅的米粒颗颗饱满,这一点和顺德"毋米粥"反差很大。喝的时候也有学问,一大锅端出来,表层如凝脂,米粒则沉在中部和底部,形成巧妙的过渡,食客则按照自己喜好轻捞慢起,而绝不可随意搅动,坏了一锅层次分明的好糜。另外要说的是,这"糜"可是个可以追溯到上古的老称谓,《说文解字》说"黄帝初教作糜",在各地相继把"糜"改称"粥"的时候,潮汕人依旧承继炎黄习俗,在一元钱一碗的糜中返璞归真。由"粥"引申为动词义"粉碎、捣烂"的意思,如:糜沸(比喻世事混乱之甚,如糜粥之沸于釜中)、糜烂、糜没(粉碎毁灭)、糜灭(粉碎毁灭)。"糜"当它作"浪费"讲时同"靡",都读为 mí,如:糜耗(糜费)、糜费(浪费)、糜损(浪费损耗)。"糜"还可用作姓氏,如三国时刘备麾下大将糜竺、糜芳兄弟,极为刘备所重用。后糜竺的妹妹嫁与刘备,就是那个长坂坡将阿斗托付给赵云后,投井自尽的糜夫人。糜姓是以职业为姓,糜是一种农作物,夏代时候,有人以种植庄稼为特长。那时,人们的食物来源,有的靠打猎,有的靠采集野果,有的靠牧养牛羊,而种植庄稼在当时是很先进的生产活动,因为每年有可靠的收成。所以种糜的族人富裕而昌盛,而后代就以职业为姓。"糜"还可读为 méi,意为"不黏的黍",如:糜子、糜黍。糜子,又称稷子,一年生草本植物或指这种植物的果实。

近义词语 亡国之音

反义词语 钧天广乐

秀给你看 时在今日,人们两耳所闻,噪声多于乐声。许多靡靡之音流行于世。敢问星海在天亡灵,你对此作如何感想? 与民族的命运,

与人民的心声相契合的音乐当今有多少？由一代先驱者聂耳、星海辈开创的民族的、大众的、现代的、紧扣时代脉搏的、划时代的音乐传统，而今有哪些人在继承和发扬？

3. 名门望族 〔名门旺族〕
——"名门望族"就是有"声望"的家族

汉语拼音 名门望族 míng mén wàng zú

汉语释义 名门：有名望的门第。望族：旧指有声望的官僚、显贵等的家族。望：指威望、声望。名门望族：指高贵的、地位显赫的家庭或有特权的家族。

字词PK "望"，象形兼会意字，表示"从初一到月底之间的所有月相的最大者"、"月相之王"。农历十五，有时是农历十六或十七，地球上能看见圆形的月亮，这种月相叫做"望"。引申为"期盼月圆"，转义为"翘首远看"。人类期盼月圆是出于古老的崇尚光明心理。圆月是所有月相中发光面积最大的一种。传说天地开辟之时有"日月合璧"天象，这是指圆月与太阳重轮，阴阳相合，化生万物。如"望见、遥望、仰望、瞭望、远望、眺望、张望"都有远看之意。由"远看"之意引申出"拜访；期盼，希图"之意，如：看望、拜望、探望、期望、欲望、希望、愿望、喜出望外。"望"可作名词，声望、威望或指有声望、威望的人或物，如：名门望族、德高望重、一乡之望、望臣（有威望的大臣）、望族（有名望、有地位的家族）、望姓（有声望的氏族）。"望"还可用作介词"对着、向着"，如：望着她笑了、望我点点头。

"旺"，形声字，本义是"日晕"，引申为"火势炽烈"，再引申为"兴旺、旺盛"，如：旺季（营业旺盛的季节或某种东西出产多的季节，跟"淡季"相对）、旺铺、旺健（精力旺盛，身体健康）、旺年（果树生长旺盛、结果多的年份）、旺销（指销路好，销售快；畅销）。"旺"还有"多、充足"之意，如：奶水很旺、新打出来的井水旺极了。

秀给你看　街,只不过是巷,但一色的青砖老屋毗连,街面用青石板铺就,多为名门望族所居。

4. 摩崖石刻　〔磨崖石刻〕

——在山崖石壁上刻字,与"手"相关

汉语拼音　摩崖石刻 mó yá shí kè

汉语释义　摩崖石刻,有广义和狭义之分,广义的摩崖石刻是指人们在天然的石壁上雕刻的所有内容,包括上面提及的各类文字石刻、石刻造像,还有一种特殊的石刻——岩画,也可归入摩崖石刻。狭义的摩崖石刻则专指文字石刻,即利用天然的石壁刻文记事。摩崖石刻是中国古代的一种石刻艺术,指在山崖石壁上所刻的书法、造像或者岩画。摩崖石刻起源于远古时代的一种记事方式,盛行于北朝时期,直至隋唐以及宋元以后连绵不断。摩崖石刻有着丰富的历史内涵和史料价值。

摩崖石刻

字词 PK　"摩",研也,形声字。本义是"擦,蹭,接触",读为 mó,如:摩擦、摩天崖、摩崖石刻(山崖上刻的文字、佛像等)、摩拭(揩擦)、摩

拳擦掌、摩肩接踵。引申为"抚弄",如:按摩、摩挲(mó suō)。借用为"研究,切磋",如:观摩(观看成绩,交流经验,互相学习)、揣摩(研究,仔细琢磨;估量,推测)。"摩"还可读作 mā,用手轻轻按着并一下一下地移动,如:摩挲(mā sā)。

"磨",形声字,本义是"磨制石器",引申为"用磨料磨物体使光滑、锋利或达到其他目的",如:磨刀、铁杵磨成针、磨墨、磨炼、磨砺(摩擦使锐利,喻经受磨炼)、磨合、磨镜石(传说轩辕氏铸镜时用以磨镜的石头)、磨刀霍霍(磨刀声)、研磨、磨漆画。"磨"另有基本义:(1)阻碍,困难:磨难(nàn)、好事多磨、折磨;(2)消灭、磨灭:磨损、磨耗;(3)拖延,消耗时间:磨洋工(工作时拖延时间,或工作懒散拖沓)、磨工夫。"磨"还可读作 mò,有以下基本义:(1)粉碎粮食的工具:石磨、电磨、磨盘、磨坊(亦作"磨房")、推磨。(2)用磨将粮食加工成所需的状态:磨面、磨米、磨豆腐(以石磨研豆使碎而制豆腐;比喻翻来覆去地说)。(3)转变、掉转:这个胡同太窄,磨不过车来。

秀给你看 齐云山是集丹霞地貌、摩崖石刻、道教文化于一体的典型山岳风景区。

N组

1. 恼羞成怒 〔脑羞成怒〕
——因气恼和羞愧而愤怒

汉语拼音 恼羞成怒 nǎo xiū chéng nù

汉语释义 恼:气恼,恼恨。羞:羞臊。"恼羞成怒"主要是指因气恼、羞愧而大发脾气,贬义词。

字词PK "恼",竖心旁,"心"在古代是思维器官,指"思想、心思或物体的中央"。"恼"的意思是"发怒,怨恨",如"恼恨、恼火";还可以指"烦闷,苦闷",如"烦恼、苦恼、懊恼、恼丧(sàng)"。"脑",月字旁,"月字旁"有三种含义:(1)表示与肉体有关,这类字最多,如"肝、胆、臂、胃、脑";(2)表示与月亮有关,如"明、朔、期";(3)表示与"舟"有关,其实就是"舟"的变体,这类字较少,如"滕、腾"。

近义词语 义愤填膺　大发雷霆　怒形于色

反义词语 心平气和

秀给你看 有些人爱用质问的语气来纠正别人错误,先质问,后解释,犹如先向对方打了一拳,然后再向他解释一样,这不必要的一拳,足

以破坏双方的情感。被质问的人往往会弄得不知所措,自尊心受了很大的打击,如果他也是个脾气不好的人,必然恼羞成怒,而激起了剧烈的争辩。

2. 能言善辩 〔能言善辨〕
明辨是非 〔明辩是非〕
—— 善于"言语"辩解;分清(辨)是非对错

汉语拼音 ①能言善辩 néng yán shàn biàn ②明辨是非 míng biàn shì fēi

汉语释义 ①能言善辩:形容能说会道,有辩才。能:善于。②明辨是非:分清楚是和非、正确和错误。

字词PK "辩",言字旁,表示与说话和语言有关系,凡是用嘴巴来争取他人同意的用"辩",如争辩、答辩、辩白、辩驳、辩护。"辨",立刀旁,可以表示"分开、分别",需要眼睛、舌头、手等感觉器官进行分别,或用思考的方法进行区别的用"辨",如思辨、辨别、辨识。

近义词语 ①能说会道 ②明察秋毫

反义词语 ①拙嘴笨舌 ②是非莫辨

秀给你看 ①在才智方面,我平生最佩服两种人:一是有非凡记忆力的人;一是有出色口才的人。也许这两种才能原是一种,能言善辩是以博闻强记为前提的。②读书,不仅能使人开阔视野,增长知识,而且能使人明辨是非,提高修养,净化心灵,充实人生。

3. 能屈能伸 〔能曲能伸〕
委曲求全 〔委屈求全〕
委曲婉转 〔委屈婉转〕
——"屈"对"伸","曲"对"直"

汉语拼音 ①能屈能伸 néng qū néng shēn ②委曲求全 wěi qū qiú quán ③委曲婉转 wěi qū wǎn zhuǎn

汉语释义 ①能屈能伸:能弯曲也能伸直。指人在失意时能忍耐,在得志时能大干一番。②委曲求全:勉强迁就,以求保全;也指为了顾全大局而暂时让步。委曲:迁就。③委曲婉转:形容言辞委婉含蓄。委曲(wěi qū):其义有三,一指曲调、道路、河流等曲折,如"委婉、委曲婉转、情意委曲";二指事情的经过,底细,如"告知委曲";三指屈身折节,如"委曲从俗"。

字词PK "屈",形声字,本义是"身体蜷缩折叠着被抬出门外",引申为"身体蜷缩,四肢折叠,(身体)弯曲"。一个人假如不愿意出门的话,那只有别人抬着他出门。如果不用门板,只是两三个人抬着他的身体,那么他的身体必然是蜷缩折叠状态的。

屈(qū)在现代汉语中的意义:(1)使弯曲,与伸相对:屈曲(qū)、屈膝、屈伸(弯曲和伸直,引申为失意和得意)、首屈一指、卑躬屈膝;(2)低头,降服:屈服、屈从、威武不屈;(3)冤枉,叫人不痛快:冤屈、委屈、屈辱、屈才、屈就(受委屈而担任某种职务,常用于请人任职的客套话)、屈驾、屈己待人;(4)理亏:屈心(亏心,昧心)、理屈词穷;(5)姓氏。

"曲",一、本义是农田之形,原来的农田体系接近散架,相应的社会基层组织处于半解体且需要重组的状态,"曲"作为"部曲"讲,就是指古代的准军事组织,预备役师团。现在中国还建有大量的预备役师团,报刊上有时候会报道预备役师团的军事训练消息。这些师团的官兵,平时

都在企事业单位工作着,一旦接到命令,可以很快集中起来投入军事斗争。这里,"曲"指"非战时状态",即引申出"松散、松弛、懈怠"的意思。二、"曲"作为"酒曲"讲时,是指一种霉变物质的待机、待命状态,即霉变物质的非活性状态,一旦赋了其使命,它就能迅速恢复霉变活性,积极参与发酵过程,帮助酿酒。三、"曲"作为"曲调"讲时,是指说唱艺术的非正式、非直白状态,一旦赋予歌词,它就能帮助表示明确的情感和心意。

曲(qū)在现代汉语中的意义:(1)弯曲(跟"直"相对):曲线、曲尺、弯腰曲背、山回水曲、曲径通幽;(2)使弯曲:曲肱而枕(肱:胳膊)、曲突徙薪;(3)弯曲的地方:河曲;(4)不公正,无理:是非曲直;(5)姓氏。

秀给你看 ①没有一个人将小草叫做"大力士",但是它的力量之大,的确是世界无比。这种力,是一般人看不见的生命力,只要生命存在,这种力就要显现,上面的石块,丝毫不足以阻挡,因为它是一种"长期抗战"的力,有弹性、能屈能伸的力,有韧性、不达目的不止的力。②从文化人类学的角度说,内心怯懦的人的自保有两种方式:一是逆来顺受、委曲求全,二是主动出击,以攻击性的行动谋求自身安全。③余永泽微笑着,委曲婉转地反驳林道静。

4. 年逾古稀 〔年愈古稀〕
——年龄超过(逾)七十岁

汉语拼音 年逾古稀 nián yú gǔ xī

汉语释义 年:年纪。逾:超过。古稀:七十岁。"年逾古稀"是指年龄大了,年纪已经超过了七十岁。此成语出自唐代杜甫《曲江》诗:"酒债寻常行处有,人生七十古来稀。"

字词 PK "逾"的本义是"走捷径",引申为"穿过、越过、超过",读为 yú,如:逾期、逾常(超过寻常)、年逾古稀、逾分(fèn)(过分)、逾越、逾墙(越过矮墙)、逾假不归(即假期已满而未归营)。

"愈",本义是指"病好了",读为 yù,如:痊愈、病愈;也可以指"更,越"，如"愈加、愈发、愈益、愈演愈烈"；引申出"较好，胜过"，如"孰愈？（哪个好？）"

近义词语　桑榆暮景　风烛残年　桑榆末景

反义词语　如日方升　春秋鼎盛　风华正茂

秀给你看　素雅得体的衣裙，清晰得体的谈吐，和蔼可亲的面容，让人难以相信她已是年逾古稀的人。

5. 宁缺毋滥 〔宁缺毋烂〕
—— "缺"失对泛"滥"

汉语拼音　宁缺毋滥 nìng quē wù làn

汉语释义　宁：宁可。缺：缺少。毋：通"勿"，不要。滥：不加节制地过多选择。宁可缺少一些，也不要不顾质量一味求多。多用于选拔人才或选物的质量方面严格要求。

字词PK　"滥"，形声字，本义是指河湖水位超过了监视线（蓝色标志线）。这说明古代国家已经在使用水位警戒线对河湖水位进行监视，但古代的水位警戒线颜色不是像今天这样使用红色，而是蓝色。

许慎在《说文解字》中注释"滥，泛也"。即"流水漫溢"，如"泛滥"。后引申为"不加选择，不加节制，浮泛不合实际"，如"滥用职权、宁缺毋滥、滥砍滥伐、陈词滥调（指说过千百遍，人们早已听腻了的不切实际的言辞或言论，绝对不是腐烂的论调）、滥刑（过量的刑罚；任意判罪或施刑）"。有个成语叫"滥竽充数"（làn yú chōng shù），意思是说：不会吹竽的人，混在吹竽的乐队里充数，用来比喻没有真才实学的人混在行家里面充数，或是以次货充好货。

"宁缺毋滥"不可误写成"宁缺毋烂"，因为这个

竽

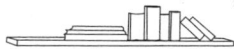

空位上都没有放任何东西,拿什么来腐烂变质呢?

反义词语 滥竽充数

秀给你看 据《中国青年报》报道,北大已经制定了严格的招录评审程序,并确定了"宁缺毋滥"的原则。周岳明也强调,如果高水平的应聘者不在少数,学校也会考虑适当突破限定人数。

6. 弄巧成拙 〔弄巧成绌〕
——"巧"与"拙"相对

汉语拼音 弄巧成拙 nòng qiǎo chéng zhuō

汉语释义 弄:卖弄,耍弄。巧:灵巧。拙:笨拙。本想耍弄聪明,做得好些,结果做了蠢事或把事情弄得不可收拾。

字词PK "拙",不巧也,形声字。本义是"不善于,不灵活,笨拙",如:拙劣(笨拙低劣)、行文拙涩(指文章粗劣,艰涩难懂)、拙嘴笨舌(口舌不乖巧,不善辞令)。引申为"我的",自谦之词,如:拙笔(谦称自己的文字或书画)、拙稿(谦称自己的文稿)、拙见(谦称自己的见解)。

"绌",形声字,本义是指"不足,不够",读为 chù,如:支绌(款项不够分配)、左支右绌、相形见绌(相比之下显得不足)。

近义词语 多此一举

反义词语 恰到好处 锦上添花

秀给你看 机遇,往往可遇而不可求,可一旦来了,你还要有本领利用,否则也只能任其白白溜走,甚至会弄巧成拙。

O 组

1. 殴打 〔欧打〕

—— "殳"（shu）为兵器，可用来"攻打"

汉语拼音　殴打 ōu dǎ

汉语释义　打，指用手或手拿某些东西猛打。

字词 PK　"殴"，捶击物也。动词，形声字。"殳"，古代用以击打、撞击的兵器。"区（ōu）"本指装有食物的容器，引申指人的肚子。"区"和"殳"联合起来表示"用股（腿）踢人的肚子"，因此"殴"的本义是"踢腹部"，如：殴打（打，指用手或手拿某些东西猛打）、殴斗（凶狠、混乱和尖锐的格斗）、殴辱（殴打，并加以各种肉体或精神污辱）、殴杀（用手或器具击打而导致对方死亡）。

"欧"，多用于欧洲、欧元等，也可指复姓欧阳，如：欧化（指仿效和习惯于欧洲人的习惯、语言文字等）、东欧、西欧、欧风东渐、欧亚大陆。历史上著名的欧阳复姓之人欧阳修，北宋文学家、史学家。吉水（今属江西）人，字永叔，号醉翁、六一居士。曾任枢密副使、参知政事等职。早年曾支持范仲淹的改革，但反对王安石的青苗法，政治上比较保守。他

是北宋文坛古文运动的代表人物,为"唐宋八大家"之一,与宋祁合修《新唐书》,自撰《新五代史》,有《欧阳文忠集》。

秀给你看 工会有权制止非法限制职工人身自由、殴打、体罚职工的行为,依法维护职工的合法权益。

2. 呕心沥血 〔沤心沥血〕
怄气 〔呕气〕
—— 用"口"呕吐;"心"里怄气

汉语拼音 ①呕心沥血 ǒu xīn lì xuè ②怄气 òu qì

汉语释义 ①呕心沥血:呕:吐;沥:一滴一滴。比喻用尽心思,费尽心血。多形容为事业、工作、文艺创作等用心的艰苦。②怄气:生闷气,心怀不满。

字词PK "沤"、"呕"和"怄"存在意义区分。"沤"读音为 ōu,形声字,本义是指"用水浸泡待加工的食物",如:浮沤;引申为"长时间浸泡在水里,读为 òu,如:沤麻、沤粪"。明代李实《蜀语》言"气郁不申曰沤",意思是肚子里浸泡着不快之事,一口气出不来,因此就有了"憋闷在心里"的意思。

"呕"读音为 ǒu,形声字,本义是指"东西在胃喉中上涌,从口中出来"。"呕心沥血"为联合式词组,作谓语、定语、状语,含褒义。形容血一滴一滴地吐出来,"呕"表示"吐出来"的意思。

"怄"读音为 òu,形声字,与内心的感受有关系,有"逗弄、嘲笑、生闷气"之意,"怄气"就是内心里生着闷气,不高兴。

近义词语 ①煞费苦心

反义词语 ①无所用心

秀给你看 ①邓颖超在海内外享有崇高的威望,她生前曾为实现祖国统一大业,呕心沥血,鞠躬尽瘁,做出了巨大的贡献。②她时不时地跟母亲怄气,可是她的言谈举止却越来越像她母亲了。

3. 藕断丝连 〔藕断丝联〕

——藕虽然断了，丝还暗中"连接"在一起

汉语拼音 藕断丝连 ǒu duàn sī lián

汉语释义 藕已断开，但丝还连着。形容没有彻底断绝关系。多指男女之间情思难断。

字词PK "连"的本义是指"人拉的车"，引申为"连接，将事物与物体空间结合在一起"，如"连通、连年有余"。"藕断丝连"出自唐·孟郊《去妇》诗："妾心藕中丝，虽断犹牵连。""联"，会意字，本义是指"连结，使不分散"，如"联系、联合"。

孟郊塑像

近义词 难舍难分

反义词 一刀两断

秀给你看 一些党政机关兴办的经济实体没有与机关脱钩，或者没有彻底脱钩，藕断丝连。

P组

1. 旁征博引 〔旁证博引〕
——广泛地寻求(征)引证

汉语拼音 旁征博引 páng zhēng bó yǐn

汉语释义 旁:广泛。征:寻求。博:广博。引:引证。指说话、写文章时,为了表示论证引用很多的材料作为依据或例证。也作"博引旁征"。

字词PK "征",正行也。本义是"到很远的地方去远行",如"长征、征途、征帆(远行的船)";引申出其他几种意思:(1)用武力制裁,讨伐:征服(用力制服)、征讨、征伐、征战(出征作战)、南征北战。(2)召集:征兵、征募(招募兵士)、征集兵马。(3)收集:征税、征粮。(4)招请、寻求:征求、征稿、征婚、征聘(招聘)、征询(征求意见)。(5)证明,证验:征引(引用,引证)、信而有征。(6)表露出来的迹象:特征、征候。

证,谏也,告也。本义是"告发、规劝、劝谏",如"证谏(直言规劝)"。引申为"用人物、事实来表明或断定",如"证明、保证、证实、作证、论证、人证、物证";还可以用来指"凭据,帮助断定事理的东西",如

"证据、凭证、证书、证券、有诗为证、出入证"。

近义词语 引经据典

秀给你看 他抓住氏族这个原始社会中最主要的经济的与社会的单位,深入调查,旁征博引,触类旁通,探索出了一条人类社会发展的规律。

2. 蓬荜生辉 〔篷筚生辉〕
——蓬草编门,荆条编篱笆,与"草"(艹)相关

汉语拼音 蓬荜生辉 péng bì shēng huī

汉语释义 蓬:用蓬草编的门。荜:用荆条、竹木之类编成的篱笆。蓬荜:用蓬草、荆竹编织而成的门户,借指穷苦人家的简陋房屋。"蓬荜生辉"是谦辞,表示由于宾客到自己家里来或张挂别人给自己题赠的字画而使寒门增添光辉使自己非常光荣。

字词PK "蓬",蒿也,形声字。本义是指一种草"蓬蒿",它是一种多年生草本植物,花白色,中心黄色,叶似柳叶,子实有毛(亦称"飞蓬"),如"蓬门"、"蓬心('蓬'的心狭窄而弯曲,用来比喻茅塞不通的头脑。谦辞,用以表示自己见识浅陋,蠢笨)"。引申为"使散乱,使蓬松",如"蓬首(头发散乱像飞蓬一样)、蓬乱(形容须发或草木凌乱)、蓬发(蓬松、散乱的头发)。"再引申出"茂盛、旺盛"的意思,如"蓬蓬(草木茂盛、蓬勃的样子)、蓬勃(繁荣,旺盛)"。

"篷",形声字,本义是指"车船等用以遮蔽风雨和阳光的设备",常用篾席或布制成,如"车篷、船篷、帐篷"。黄景仁《退潭舟夜雷雨》诗:"谁知暴雨不终昔,打篷渐歇筝琵琶。"

近义词语 蓬荜增辉 蓬荜生光

秀给你看 20多块奖牌,使这座没作任何装修的办公大楼蓬荜生辉:"中国明星企业",省"思想政治工作先进单位","全国工会职工文化先进单位"……这里就是安徽阜阳卷烟厂。

3. 披肝沥胆 〔披肝历胆〕

——像露出肝脏、滴出(沥)胆汁般倾吐心里话

汉语拼音 披肝沥胆 pī gān lì dǎn

汉语释义 披:披露、露出。沥:往下滴。露出肝脏,滴出胆汁。比喻真心相见,倾吐心里话。也形容非常忠诚。

字词PK 沥,形声字,从水,历声。本义是指"水、泪、酒等液体一滴一滴地落下或液体的点滴",如"余沥、竹沥、沥血(刺破皮肤使滴血,以发誓、表竭诚或作祭祀)、沥液(水滴)、沥沥(象声词,多形容风声或水声:骄阳似火的夏日,如果能来点淅淅沥沥的小雨,那该是多么舒服)"。

"历",过也。形声字,繁体为"歷",从止,从厤(lì),厤亦声。"厤"本指"山崖边的庄稼",引申指"庄稼地的尽头"。"止"意为"停步"。"止"与"厤"联合起来表示"走到庄稼地尽头停步",因此"历"的本义是指"走到庄稼地尽头停步",转义为"经过每一块庄稼田",转义引申为"(空间上或时间上)经过"。说明:"历"的本义是指农夫察看庄稼长势而巡视庄稼地。再引申为"遍、完全;推算年、月、日和节气的方法"等等。

近义词语 肝胆相照　剖心析肝　推心置腹　赤胆忠心　碧血丹心

反义词语 钩心斗角　尔虞我诈

秀给你看 没有教师的含辛茹苦,就没有从丑小鸭到白天鹅的童话,就没有从天真幼稚的蒙童到功勋卓著的大师的奇迹;没有教师的披肝沥胆,就没有大到卫星、火箭,小至家用电脑这些值得我们现代中国人为之骄傲的发展。

4. 平心而论 〔凭心而论〕
——平心静气地给予客观评价

汉语拼音 平心而论 píng xīn ér lùn

汉语释义 平心:不动感情,心平气和地;论:评论。平心静气地给予客观评价。出自清代纪昀《阅微草堂笔记·滦阳消夏录一》:"平心而论,王弼始变旧说,为宋学之萌芽。"

字词PK "平",语平舒也。本义是指"遇到不顺心的事就要想开点以此来化解心里的疙瘩"。后引申出:(1)不倾斜,无凹凸,像静止的水面一样;(2)均等;(3)与别的东西高度相同,不相上下;(4)安定、安静;(5)治理,镇压;(6)抑止(怒气);(7)和好;(8)一般的,普通的;(9)往常,一向。

纪昀雕像

"凭",依也,会意字。本义是倚靠在矮而小的桌子旁,引申为"依靠;根据;由着、任随;任凭、无论"。

近义词语 公私分明

反义词语 弄虚作假

秀给你看 两战两胜,中国队已达到了第一阶段的目的。下一轮比赛,中国队将要征战异邦,面临的各种困难诚如大威所言"会加倍地到来"。平心而论,今年中国队争取出线权要比以往更加困难,因为除了东亚的韩国、日本,西亚的沙特阿拉伯、科威特、伊朗等老对手外,又增加了中亚的新对手。为了夺取亚特兰大的入场券,中国小将们丝毫不能大意,必须加倍地努力。

秒杀错别字

5. 破釜沉舟 〔破斧沉舟〕
——能打破的只能是炊具"釜"

汉语拼音 破釜沉舟 pò fǔ chén zhōu

汉语释义 破釜沉舟:釜:锅,古代一种炊器。把饭锅打破,把渡船凿沉。比喻不留退路,非打胜仗不可,下决心不顾一切地干到底。

字词PK "釜",形声字,本义是一种古代的炊事用具,炊器的顶端(釜口位置)是收敛着的,更细巧一点,炊器的底端(釜底位置)是圆形的环状,有的"釜"的侧面有两只把手。它的作用是放在灶火上,然后在"釜"上再放置"甑"用来烹煮或蒸煮食物。"釜"盛行于汉代,材料有铁制的,也有铜制或陶制的。如"釜底抽薪(抽去锅底下的柴火,比喻从根本上解决问题)、釜中生鱼(釜鱼甑尘,釜中已生出鱼来。形容生活清贫,断炊已久)"。

"釜"还可以指古量器,这种测量器在春秋、战国时代流行于齐国。现有战国时的禾子釜和陈纯釜,都作坛形,小口大腹,有两耳,如"釜庾(釜和庾,均古量器名,引申指数量不多)、釜鼓(釜和鼓,古量器名)、釜钟(釜和钟,皆古量器名,亦指数量不多)"。

"斧",形声字,本义是指"家长的工具和刑具",如"斧钺(斧和钺都是古代的兵器,用于斩刑等重刑)、斧正(敬辞,用于请人改自己的文章)、斧凿痕(用斧子和凿子加工留下的痕迹,多比喻诗文词句造作而不自然的地方)"。

近义词语 义无反顾　背水一战　决一死战　孤注一掷

反义词语 优柔寡断　瞻前顾后　举棋不定　望风而逃

秀给你看 历史机遇稍纵即逝,没有一种义无反顾、破釜沉舟、背水一战、超凡脱俗的大智大勇,是抢不上改革开放的快车道的。

Q 组

1. 前倨后恭 〔前踞后恭〕
——"倨"为傲慢,与"恭"敬相对

汉语拼音 前倨后恭 qián jù hòu gōng

汉语释义 倨:傲慢。恭:恭敬。以前傲慢,后来恭敬。形容对人的态度前后有所改变。

字词 PK "前倨后恭"为联合式;作谓语、状语、定语;含贬义。"倨",形声字,本义是指"人的态度傲慢"。另有含义"微曲(qū)",如"倨句(钝角形的称'倨';锐角形的称'句')";古语中"倨"同"踞",指"伸开脚坐着"。"踞",形声字。"居"意为"身体长时间不挪动位置"。"足"与"居"联合起来表示"腿足屈曲、身体长时间不挪动位置"。本义是指"蹲坐",引申为"占据,盘据;倚,依靠"。

近义词语 前倨后卑

秀给你看 胡屠户前倨后恭的不同态度,正好反映出当时社会上那种趋炎附势的现象,时人对权贵阿谀奉承,对寒士则白眼视之。

2. 茕茕孑立 〔穷穷孑立〕

——"茕茕"为孤独,与贫困无关

汉语拼音 茕茕孑立 qióng qióng jié lì

汉语释义 茕茕:孤独的样子。孑:孤单。形容孤身一人,无依无靠,孤苦伶仃。

字词PK "茕茕孑立"为偏正式;作谓语、定语。"茕"的本义是指"没有兄弟,孤独",如"茕茕孑立,形影相吊";引申为"忧愁"。"穷",繁体字为"窮",形声字。身在穴下,形容生活过得很窘困、很贫穷。简化为"穷",会意字,力在穴下,有劲使不出。意义有"穷尽,完结;处境恶劣;达到极点;完了;推究到极点"。

近义词语 孤苦伶仃　举目无亲　孑然一身　形单影只

反义词语 四世同堂　儿孙绕膝

秀给你看 眼前这只白熊已选准了一只茕茕孑立的年轻海象,它灵巧地爬上冰块——这是一只非常壮硕的雄性白熊,如果它用后肢直立起来恐怕足有3.5米高。

3. 情不自禁 〔情不自尽〕
弱不禁风 〔弱不经风〕

——感情激动得无法抑制(禁);身体娇弱,"禁"不起风吹

汉语拼音 ①情不自禁 qíng bù zì jīn　②弱不禁风 ruò bù jīn fēng

汉语释义 ①禁:抑制、控制。自己抑制不住自己的感情。出自南朝梁代刘遵《七夕穿针》诗:"步月如有意,情来不自禁。"②禁:承受。形容身体娇弱,连风吹都经受不起。多用来形容女子体态纤弱或病者体弱。

字词PK "禁",形声字,本义是指"禁忌",读为 jìn,引申为"法令

或习俗所不允许的事项",再引申为"监禁",如:禁止、禁毒、禁赌、严禁烟火、严禁走私、犯禁、违禁品、入国问禁、关禁闭。由"禁止"义引申为"受得住,耐久;忍耐,制止",读为 jīn,如:弱不禁风、禁不住。"弱不禁风"为补充式;作谓语、补语、定语、宾语。

　　"经",形声字,本义是指"纺织机上纵向的、绷紧的丝线(以供纬线穿梭交织)",如:经线、经纱。引申为"地理学上假定的地球表面上通过两极并与赤道垂直的线",如:经度、东经、西经。也引到中医中,指"人体内气血运行通路的主干",如:经络、经脉。"经"还有其他基本义为:(1)通过,路过,如:经手、经过、经历、曾经、已经、身经百战、久经考验、几经周折。(2)长久,正常,如:经常、不经之谈、荒诞不经。(3)传统的具有权威性的著作或宣扬宗教教义的著作,如:经书、经典、道经、佛经。(4)从事,治理,如:经商、经理、经销、经营。(5)妇女的生理现象:月经。(6)承受,忍受,如:经受、饱经风霜。

091

　　近义词语　①情难自禁　②瘦骨嶙峋　弱不胜衣
　　反义词语　①不动声色　②虎背熊腰　心宽体胖
　　秀给你看　①清晨,我爬上那山坡,漫山遍野都开着奇异的小花,花朵上的露水闪耀着五彩的光辉,我情不自禁地陶醉其中。②我们的生命应是坚劲的犁铧,而不是弱不禁风的林黛玉手中的花锄;我们的生命中应有雄浑磅礴的黄钟大吕,而不只是嘈嘈切切的丝竹管弦。

4. 鹊巢鸠占　〔雀巢鸠占〕
饮鸩止渴　〔饮鸠止渴〕
　　——"斑鸠"占"喜鹊"巢;喝毒酒(鸩酒)解渴

　　汉语拼音　①鹊巢鸠占 què cháo jiū zhàn　②饮鸩止渴 yǐn zhèn zhǐ kě

　　汉语释义　①鹊巢鸠占:斑鸠不会做巢穴,常强占喜鹊的巢穴。本指女子出嫁,定居于夫家,后比喻强占别人的住处。②饮鸩止渴:鸩:传

说中的毒鸟,用它的羽毛浸泡的酒喝了能毒死人。"饮鸩止渴"指喝毒鸟羽毛泡制的毒酒来解渴。比喻用错误的办法来解决眼前的困难而不顾严重后果。

字词PK "鹊巢鸠占"为复句式,作宾语、补语;含贬义。雀(què),会意字,本义是指"麻雀"。鹊(què),形声字,本义是指"喜鹊"。这里的"鹊巢鸠占"是指"喜鹊"的巢穴常常被不会自己搭建巢穴的"斑鸠"强占。

"饮鸩止渴"为连动式;作谓语、宾语、定语;含贬义。"鸩",一种毒鸟,如:鸩酒、饮鸩止渴。"鸠"是一种鸟类,斑鸠。

近义词语 ①鹊巢鸠居。②饥不择食 急功近利

反义词语 ②从长计议

秀给你看 ①在粤西山区,供销社图书门市部变副为主、变主为副,鹊巢鸠占的状况已极为普遍。

R 组

1. 惹是生非 〔惹事生非〕
——"是"与"非"相对

汉语拼音　惹是生非 rě shì shēng fēi

汉语释义　惹:引起。非:事端。招惹是非,引起争端。出自明代冯梦龙《喻世明言》:"安分守己,并不惹是生非。"

字词PK　"是",直也,会意字。本义为夏至(太阳位于夏至点)。古代中国人把南方作为基本方向。他们把中国描述为一个面向南方的国家:"左东海,右流沙,前交趾(今越南),后幽都。""二十八宿"体系用"四象"来表示就是:"左苍龙,右白虎,前朱鸟,后玄武。""四象"的苍龙、白虎、朱鸟的头都朝向南方,玄武的龟头与蛇头一个指向苍龙尾部,一个指向白虎尾部,最终

《喻世明言》书影

秒杀错别字

还是指向南方。南方朱鸟宫的中间是"七星"之宿,这便是夏至点所在位置。引申义:(方向上)正对,不偏不倚;对的,正确的。"惹是生非"是一个互文结构的成语,"惹"同"生","是"对"非",招惹是非,生出事端。

"事",职也、形声字。本义是指"官职",引申为"职守;政事;事务;事故、事件;职业;从事"等等。

秀给你看 小说还塑造了马尼洛夫、罗士特莱夫、梭巴开维支、科罗播契卡、泼留希金等五个地主的形象。他们或懒得出奇,或到处惹是生非,或贪婪笨拙,或孤陋寡闻,或形似乞丐,却爱钱如命。作者通过这些地主形象的刻画,从各个角度揭示了地主阶级丑恶、腐朽的本质以及农奴制必然衰亡的趋势,从而也促使了俄国人的进一步觉醒。

2. 人心向背 〔人心项背〕
——"归向"与"背离"相对

汉语拼音 人心向背 rén xīn xiàng bèi

汉语释义 向:归向,指拥护。背:背离,指反对。指人民大众的拥护或反对。

字词PK "人心向背",主谓式;作主语、谓语、宾语;指人民对事物的态度。"向"的本义是指"朝北开的窗户"。引申为"对着,朝着,与'背'相对;目标,意志所趋;偏袒,袒护;近,临;从开始到现在"。

"项",头后也。本义是指"参与土木工程劳作的脖子后部,泛指脖子"。引申为"量词,分类的条目;钱款,经费;数学用语,代数式中不用加、减号连接的单式"。"望其项背":项:颈的后部。能够望见别人的颈项和背脊,表示差距不大,表示赶得上或比得上(多用于否定式),如:难以望其项背、不能望其项背。

秀给你看 这个管家可不好当,居民开门七件事,臂弯里就是个菜篮子。她自己拎的菜篮子虽还是那么大,可装下了多少殷殷期望。风风雨雨,晴晴阴阴,人心向背,民情冷暖,有时变幻莫测,有时却一叶知秋。

3. 融会贯通 〔融汇贯通〕

——"领会"理解得更透彻

汉语拼音 融会贯通 róng huì guàn tōng

汉语释义 融会:融合领会。贯通:贯穿前后。参考并综合多方面的知识或道理而得到全面的透彻的领悟。

字词PK "融会贯通"意指参考并综合多方面的知识或道理而得到全面的透彻的领悟。"会"与"汇"读音完全一样,也都有"聚合"的意思,但"汇"指水的汇合,如"百川所汇"、"汇成江河";而"融会贯通"的"会"是"理解"、"懂得"的意思。"融会贯通":①把各方面的知识或道理参合在一起,从而得到全面透彻的理解。如:柯岩《美的追求者》:"民间的、民族的、东方的、西方的、古典的以及现代的,他都广泛吸收,融会贯通。"②融合无隔阂。如:孙犁《〈秀露集〉后记》:"这种激情,虽然基于作者当时迫切的抗日要求,但还没有多方面和广大群众的伟大的复杂的抗日生活融会贯通。"

近义词语 举一反三 豁然贯通

反义词语 望文生义 生吞活剥

秀给你看 底蕴深厚的民族艺术和时尚前卫的流行艺术、温婉柔美的江浙意韵与奔放粗犷西部风格、传统中国气派和西方艺术形式,融会贯通;历史与现实、民族与世界、古典与流行、精致与恢弘,交相辉映;让人们情不自禁顿生感叹:人与自然,艺术与时代一旦如此的和谐,竟是这般诗情画意,美轮美奂。

4. 如鲠在喉 〔如梗在喉〕

——鱼骨头卡在喉咙里

汉语拼音 如鲠在喉 rú gěng zài hóu

汉语释义 鱼骨头卡在喉咙里。比喻心里有话没有说出来,非常难受。

字词PK "鲠",形声字,本义是指"鱼骨,鱼刺",引申为"鱼骨卡在嗓子里"。"梗",形声字,本义是指"树木枝条上的肿结",引申为"树木枝条或草藤根茎"。"梗",可做名词、形容词,也可做动词。名词字义一般为枝茎,树木枝条或草藤根茎总是带有分叉,去掉分支后,分叉部位仍然是一个肿结。一根枝条或一根草藤上总是有多个这样的肿结,这样的枝条或草藤就是"梗"。动词可用作梗塞,阻碍流通的意思,形容词一般用来形容耿直。

秀给你看 当他看见贫困地区的孩子吃萝卜条还要数吃了几根的场面时,他如鲠在喉,难以吃完那餐饭,立即给希望工程寄去了200元。后来,他又寄了4次,累计下来,他为希望工程捐了5000元。

5. 如火如荼 〔如火如荼〕
——像火那样红,像茅草的白花(荼)那样白

汉语拼音 如火如荼 rú huǒ rú tú

汉语释义 荼:茅草的白花。像火那样红,象荼那样白。原指白、红相间的戎装,比喻军容之盛,现用来形容大规模的行动气势旺盛,气氛热烈。

字词PK "荼",形声字,"艹"指草本植物,"余"本义为"剩下";"艹"与"余"联合起来表示"拣选后剩下的可食类草本植物"、"不在日常菜谱范围内的草本植物"。本义是指一种苦菜,古书上指茅草、芦苇之类的小白花,如:"荼首(发白如茅花,喻白发老人)"、"荼白(如荼之白色)"、"荼锦(荼茅草的白花)"。

近义词 方兴未艾 轰轰烈烈

反义词 无声无息

秀给你看 冰雪节的开幕使乌鲁木齐周边各大滑雪场受到了游客

的热情追捧。雪地足球、田园滑雪、冰上钓鱼、冰帆、冰上陀螺、雪地摩托等冰雪运动大都开展得如火如荼。

6. 如丧考妣 〔如丧考比〕
——像死了父母(考妣)一样悲痛

汉语拼音 如丧考妣 rú sàng kǎo bǐ

汉语释义 丧:死去。考:已死的父亲。妣:已死的母亲。如丧考妣,指好像死了父母一样地伤心。

字词PK "妣",形声字,本义原指"母亲",后称"已经死去的母亲"。"比"本义为"两种食物同美",引申为"等列"、"同美",再引申义为"评定优劣次序"。

近义词语 悲痛欲绝 痛不欲生

反义词语 喜笑颜开 喜形于色

秀给你看 用功痛切时,必有一度不通世故人情时,故曰如丧考妣。盖痛切之至,必失于礼节威仪也。人每不谅,谓之骄慢自大,或疑为狂。此人人必经之过程,难为辩也。

7. 孺子可教 〔儒子可教〕
——"小孩"(孺子)可以造就

孟子雕像

汉语拼音 孺子可教 rú zǐ kě jiào

汉语释义 孺子是小孩子;教是教诲。小孩子是可以教诲的,后形容年轻人有出息,可以培养,可以造就。

字词PK "孺",形声字,本义是指"小孩子,尤指幼儿"。引申为"幼稚,年小;亲睦"。"儒",形声字,本义是指"术士"。引申为"读

秒杀错别字

书人"，也可以用来形容中国春秋战国时代以孔子、孟子为代表的一个学派。

反义词语 朽木不雕 不堪造就

秀给你看 关于处世之人前语、人后语,关于圣贤之书的言在此、意在彼,或时髦地说,"能指"与"所指",岂"孺子可教"。若非深谙世态人情,实难洞悉其奥。

S 组

1. 商榷 〔商确〕

——处在没有定夺的"商讨"(榷)阶段

汉语拼音 商榷 shāng què

汉语释义 商量、讨论的意思。

结构用法 动词,可以作谓语,一般用于正式场合下的谈判。

字词PK "榷",形声字,最原始的意义是指"活动的独木桥",独木的一头有支点,设在城门口,另一头连接绳索,绳索的另一端由城门上面的值班士兵掌握。

"确",形声字,本义是指"石头比较坚固"。现代汉语中常用的基本义有:(1)真实、实在,如:确实、确凿、确切、确数;(2)坚固、固定,如:确定、确保、确立、确信。

说明:榷不是常设的固定的独木桥,而是像鹤颈那样可以灵活升降起伏的活动独木桥,设在城门口,由守城士兵掌控。很遗憾,这一点,古文献没有指出来。如果细长的独木桥常年水平地横架在溪沟的两边,它就没有竖立起来的机会,那么它的名字"榷"中的"隺(hè)"的意义就体

现不出来了。如果是常设木桥,没有必要做成独木的,应该做成宽木桥。"榷"是独木桥这一事实,正反映出它比较轻巧,便于人力操控升降的特点,而由于要使用操控者的人力,要过"榷"的生意人只有耐心同操控者商量一个过桥费的数量。所以古人留下了"商榷"一词,最初表示过桥税费数额可以"讨论",后来推广为一切问题的"讨论",后引申为:(1)专卖,如:榷货、榷场(征收专卖税的交易场所)、榷税(专卖业的税)。"榷"有"税"的含义,即来源于此。(2)商讨,如:商榷。

近义词语 商讨 商谈

秀给你看 然而认真拜读了吴为章先生的论著之后,我们觉得对吴先生的观点仍有商榷的必要。

2. 食不果腹 〔食不裹腹〕
——没有食物吃,肚子就不会像"果子"那样饱满

汉语拼音 食不果腹 shí bù guǒ fù

汉语释义 果:充实。不果腹:吃不饱肚子。食:吃。吃不饱肚子。

字词PK "果",木实也,会意字。本义是指"树木的可食子实",引申义为"一切在形状和功能上类似于果实的食物"。"果"后来也指"某些植物花落后含有种子的部分"、"事情的结局或成效"等含义。"果"的基本义有:名词义:(1)植物的果实,如:水果、果子;(2)结果,如:战果、效果、成果、自食其果、恶果。动词义:吃饱、充实,如:食不果腹。形容词义:果敢、果断,如:果直(果敢正直)、果烈(果敢刚毅)、果侠(果敢仗义)。副词义:(1)果然、当真,如:果不出所料;(2)究竟、终于、到底。连词义:如果、假若,如:果能如此。"食不果腹"在这里取的是它的动词义"吃饱、充实"。巧辨:由于食不果腹,人们到了靠吃野果填饱肚子的地步。

"裹",缠也,形声字。"裹"的本义是指"用遮羞布包缠性器官",后引申为"对任何物体的包、缠"。"裹"的基本义有:(1)包、缠绕,如:裹

脚、裹束(包裹束缚)、裹足不前(缠住脚不前进,形容有所顾虑而止步不敢向前)、裹革(马革裹尸);(2)夹带、夹杂、携带,如:裹粮策马(携带粮食,鞭赶马匹,形容忠义之士踊跃参军的情景);(3)方言,吸(奶),如:小孩生下来就会裹奶。

近义词语 饥肠辘辘

反义词语 酒足饭饱

秀给你看 目前世界上仍有近8亿人食不果腹,近2亿5岁以下的儿童营养不良,不少发展中国家面临着粮食生产不足和缺乏粮食进口能力的双重制约。

3. 势不两立 〔誓不两立〕
——敌对、不两立的是势力

汉语拼音 势不两立 shì bù liǎng lì

汉语释义 势:状况,情势。两立:并存。指敌对事物不能同时存在,形容双方矛盾或仇恨很深,无法化解或调和。

字词PK "势",形声字,本义是指"重力",后引申为:(1)力量、威力;(2)状况、情势;(3)形状、样式、架式;(4)势头、趋势、时机,如:势如破竹。"势不两立"的意思是双方的情势不能同时存在,因此要写成"势"。

"誓",以言约束也,形声字。本义是指"发誓、立誓"。其名词义是:(1)当众或共同表示决心,依照说的话实行,如:誓言、誓词、誓死、誓师、誓愿;(2)表示决心的话,如:发誓、宣誓、立誓;(3)表示承诺,如:山盟海誓。其动词义是:(1)发誓;(2)告诫、告知;(3)铭刻、牢记;(4)通"矢"。形容词义:谨慎。与"誓"有关的用语还有很多,如:誓志(发誓立志)、誓死不贰(发誓立志至死不生二心,形容意志坚定专一)、誓词(立誓的言辞)、誓戒(誓约警戒)、誓剑(对着剑发誓;皇帝赠与出巡大臣的宝剑,即后世所称的"上方宝剑")、誓死不屈(宁死都不屈服,形容很有气节)、誓

同生死(立志同生共死,形容十分密切,不可拆散)、誓不罢休(发誓不达目的决不甘休,表示具有坚定的决心)。

反义词语 情投意合 亲密无间 水乳交融

秀给你看 美国、法国和日本情报部门的官员公开宣称,西方工业大国在政治、军事战略上仍是盟友,但在经济技术上却是势不两立的竞争对手。

4. 拾人牙慧 〔拾人牙惠〕
——重复别人说过的话,与"恩惠"无关

汉语拼音 拾人牙慧 shí rén yá huì

汉语释义 拾:捡取;牙慧:指别人说过的话。比喻拾取别人的一言半语当作自己的话。

字词PK "慧"字上面的两个"丰"字分别代表国事和天下事,中间的"彐"字代表家事。从字面上看,家事、国事、天下事都放在心上,称之为"慧"。只有具备卓越才智的人方能把家事、国事、天下事都放于心上,因此它的本义是指"聪明,有才智",如:聪慧、智慧、颖慧、慧黠(聪明而狡猾)、慧心。两字最大的区别是:"惠"经常用于"恩惠、好处"义,"慧"经常用于"智慧"义。

"惠",仁也,会意字。本义是指"内心仁爱"。"惠"的基本义有:(1)恩惠、好处,如:恩惠、惠泽、惠和、实惠、施惠于人;(2)仁爱,如:惠政、互惠互利、惠及远人、惠而不费(给人好处自己又没有什么耗费;常用以形容有实利而不多费钱财);(3)柔顺、顺从、柔和,如:惠风和畅;(4)通"慧",聪慧;(5)美好,如:惠色(秀美的颜色,色彩)、惠问(美好的称誉)、惠声(美誉);(6)敬词,如:惠然肯来(函束用语。表示欢迎光临)、惠邮(称人邮寄来件的敬词)、惠书(称对方来信的敬词)、惠赐(称人所赠的敬词)、惠赠、惠临、惠顾、惠存、惠允。

近义词语 拾人涕唾 人云亦云

秀给你看 有的作品片面地理解主旋律,在思想性开掘上下了功夫,而在艺术的追求上却往往浅尝辄止,拾人牙慧,这同样也受到读者和观众的冷漠。

5. 死心塌地 〔死心踏地〕
——心里塌实,不再做别的打算

汉语拼音 死心塌地 sǐ xīn tā dì

汉语释义 死心:不变心。塌地:指心里塌实。原指心里塌实,不再做别的打算。现形容主意已定,决不改变或心甘情愿。

字词PK "塌"是土字旁,与土地有关,其意思是:(1)因凹陷而倒塌、倒下、陷下,如:倒塌、塌陷;(2)安定、镇定,如:死心塌地;(3)平,如:塌鼻子;(4)精神委顿,如:塌拉(衣着不整的样子)、塌飒(不得志、不顺心)、塌跂(方言。形容目闭失神的样子)、塌然(哀痛、失意或落陷的样子);"死心塌地"的"塌"指的就是内心的平静、安定和镇定,因此不能写成脚踩在地上的"踏"。巧辨:地塌从"土",与"足"无关。

"踏",形声字,足字旁,与脚的动作有关,因此它的本义是指"足着地、用脚踩",如:踏步、踏板、踏青(春天到郊外散步,亦称"踏春")、踏雪、践踏、脚踏实地。引申为"亲自到现场去",如:踏看、踏勘、踏查、踏访。

近义词语 至死不渝

反义词语 举棋不定 犹豫不决

秀给你看 然而,就在一些人死心塌地地为走出国门而不懈努力的时候,却有一批外国来客,已悄然进境,在我国土地上闯世界,走江湖。

T组

1. 贪赃枉法 〔贪脏枉法〕
——贪污受贿得来的是财物,与"贝"相关

汉语拼音 贪赃枉法 tān zāng wǎng fǎ

汉语释义 枉:歪曲。贪污受贿,违犯法纪。

结构用法 联合式;可以作谓语、定语;含贬义,形容人的贪欲。

字词PK "赃",形声字,意思是"贪污受贿或偷盗所得的财物",如:赃物、赃款、追赃、分赃、人赃俱在。

"脏(zàng)"的本义是指身体内部器官的总称(内脏、五脏六腑、脏器),专指"藏精气而不泻"的脏器,如心、肝、脾、肺、肾;也可用来指脏腑及其所属经脉。"脏"还有"玷污,不干净或不纯洁"的意思,读为 zāng,如:脏衣服、脏地毯、肮脏。也可用来指语言不文明,骂人的话,如:说脏话。

近义词语 徇私枉法　贪赃舞弊

反义词语 清正廉明　廉洁奉公

秀给你看 范仲淹在审阅全国各路地方官政绩时,撤换了一批贪赃枉法和庸碌无能的官吏。

2. 提纲挈领 〔题纲挈领〕
——用手(扌)抓住"纲领"

汉语拼音 提纲挈领 tí gāng qiè lǐng

汉语释义 纲:渔网的总绳。挈:提起。原意为撒鱼网要抓住总绳才撒得开,鉴定裘服要提起衣领才看得清。后比喻善于抓住问题的关键。

结构用法 联合式,可以作谓语、状语、补语;含褒义。

字词PK "提",挈也,形声字。本义是指两手同时悬持一件物品(在身前),引申为"单手悬持一件物品(在身一侧),或两手各悬持一件物品(在身两侧)"。引申后的基本义有:(1)垂手拿着有环、柄或绳套的东西,如:提壶、提灯、提篮、提包、提纲挈领;(2)引领(向上或向前等),如:提心吊胆、提升、提挈、提携;(3)说起、举出,如:提起、提出、提倡、提议、提案、提要;(4)将犯人从关押之处带出来,如:提审、提犯人;(5)率领、调遣,如:提兵;(6)取出,如:提取、提货;(7)舀取油、酒等液体的一种用具,如:油提、酒提。"提纲挈领"的意思是提起绳子和衣领,所以要用提手旁的"提"。

"题",额也,形声字。本义是指人头的正面,特指额头。引申后的基本义有:(1)写作或讲演内容的总名目,如:题目、主题、话题、题材;(2)练习或考试时要求解答的问题,如:试题、问答题;(3)写上、签署,如:题名、题字、题诗、题词。

近义词语 纲举目张 一针见血

反义词语 不得要领 言不及义

秀给你看 卷前设置"提要"和"绪论",篇前设置"引论",既对全书全篇起到了提纲挈领的作用,又为全书提供了更高层次和更广泛视野上的理论参照体系。

3. 恬不知耻 〔括不知耻〕

——不知羞耻是种"心"态

汉语拼音 恬不知耻 tián bù zhī chǐ

汉语释义 恬:安然处之。做了坏事满不在乎,一点儿也不感到羞耻。

结构用法 偏正式,可以作谓语、定语、状语,贬义词。

字词PK "恬",安也,静也,形声字。意思是把心思放在舌头上去感受滋味的甜美,一般人的心思会倾注在外界有趣的或重要的事情上,哪里还有心思把注意力集中在舌头上啊? 因此这个字所指的关键是"把一切事情都放下",所以"恬"的本义是指放下其他一切事情,去安心地感受那甜美的滋味。"恬"的读音是 tián,其基本义为:(1)安静、安然、坦然,如:恬静、恬然、恬淡(淡泊名利,清静无为);(2)安逸、舒适,如:恬适。"恬不知耻"是指一个人做了坏事还安然处之,一点儿也不感到羞耻、惭愧。

"括",形声字,本义是指"用绳或带子结扎、捆束",读音是 kuò。"括"的基本义有:(1)扎、束,如:括发(束起头发)、括约肌;(2)包容,如:包括、概括、总括、囊括。

近义词语 厚颜无耻

反义词语 无地自容

秀给你看 布什总统和他的发言人恬不知耻地坚称虐待囚犯的看守只是自行其是的少数无赖。

4. 投机倒把 〔投机捣把〕

——"投"出去将其他东西击"倒"

汉语拼音 投机倒把 tóu jī dǎo bǎ

汉语释义 指利用时机,以囤积居奇,买空卖空、掺杂作假、操纵物价等方式扰乱市场、牟取暴利的行为。投机倒把罪是指以获取非法利润为目的,违反金融、外汇、金银、物资、工商管理法规,非法从事工商业活动、扰乱国家金融和市场管理、破坏社会主义经济秩序,情节严重的行为。通俗点就是指某人在 a 地以低价买入在 b 地以高价卖出就是投机倒把。

字词PK "倒",形声字,本义是指"竖立的东西横躺下来",如:摔倒、卧倒、刮倒。"倒"的基本义还有:(1)失败,垮台,如:倒闭、倒台、打倒;(2)坏、使变坏,如:倒牙、倒胃口;(3)更换、转换,如:倒车、倒班、倒手、投机倒把。另外,"倒"与"晕",其意都有晕倒的意思,即表示你当前状态的词,任何让你无奈、受不了的事,你都可以冠以无奈的表情说"倒"。

"捣",手推也,形声字,读为 dǎo。它的基本义有:(1)用棍子、杵等的一端撞击或捶打,如:捣蒜、捣药、捣米、捣衣服;(2)搅乱,如:捣乱、捣鬼、捣毁、捣蛋、捣麻烦。

反义词语 合法经营

秀给你看 人由于物欲炽盛,贪心高涨,才不择手段地去干那贪赃枉法、投机倒把、走私受贿,甚至阴谋叛乱、结党营私等等罪行。

5. 投鼠忌器 〔投鼠计器〕
——想打(投)老鼠,"心"里顾忌打坏近旁的器物

汉语拼音 投鼠忌器 tóu shǔ jì qì

汉语释义 投:用东西去掷。忌:害怕,畏惧,有所顾虑。想用东西打老鼠,又怕打坏了近旁的器物。比喻做事有顾忌,不敢放手干。

结构用法 联合式,可以作谓语、状语。

字词PK "忌",憎恶也,形声字。本义是指"嫉妒、憎恨",如:忌恨、妒忌、猜忌、妒才忌能。"忌"还有其他的基本义:(1)害怕、顾虑、畏

惧,如:忌惮、顾忌、投鼠忌器、横行无忌。(2)由于风俗、习惯等原因,对某些事物或言行采取回避或隐避的态度,或者对某些能产生不利后果的事力求避免。如"忌讳、禁忌、童言无忌"。(3)戒除、禁,如:忌烟、忌酒、忌吃生冷、忌嘴馋、忌口。"投鼠忌器"是想用东西打老鼠,心里又害怕打坏了近旁的器物,所以是"忌"。

"计",会算也,会意字。本义有"算账、总计、计算"之意,如:计时、计量(liàng)、计日程功。还可以用来指"测量或核算度数、时间、温度等的仪器",如:晴雨计、湿度计。引申为"主意、策略",如:计策、计谋。又可指"谋划、打算",如:计划、计议。

近义词语 畏首畏尾 瞻前顾后

反义词语 无所畏惧 肆无忌惮

秀给你看 像苏凌阿这样的人,当然也淘汰之列,但想到他是和绅的门生,不免有投鼠忌器的顾虑,处置也就不一样了。

6. 图穷匕见 〔图穷匕现〕
——地图展开看"见"匕首

汉语拼音 图穷匕见 tú qióng bǐ xiàn

汉语释义 图:地图。穷:尽。匕:匕首。见:通假字,通"现"。地图展开到最后,匕首就露出来了。比喻事情发展到最后,真相或本意显露了出来。

字词PK "现"的本义是打开玉璞见光彩。引申义为:(1)(打开玉璞)揭露、显示、显露;(2)(打开玉璞的)当时、即刻、此刻。"见"在本成语中读为xiàn,其意思是显露,与"现"的意思一样,二者的读音也一样,这是古汉语遗留现象,只能写作"见"。"图穷匕见"典出战国时期,荆轲奉燕太子丹之命去行刺秦王。他把匕首藏在燕国地图中,用献出燕国城池的名义觐见秦王。当秦王把地图展开到最后时,露出了匕首,荆轲用匕首刺秦王不中而被秦王杀害。后人就用"图穷匕见"比喻事情发展到最后,终于显露出事实真相。

汉画像石:荆轲刺秦王

近义词语 真相大白　东窗事发　原形毕露

反义词语 显而易见　不明真相　扑朔迷离

秀给你看 有媒体认为,面对西方的步步紧逼,卡扎菲确实做过不少让步。但随着英、法、美等国图穷匕见,公开要求其下台,阿盟、非盟也不再支持现政府,这位政治强人在无路可退的情况下,只能选择用"大炮与刺刀"说话。

7. 脱颖而出　〔脱颖而出〕

——麦芒(禾)有尖,穿透而出

汉语拼音 脱颖而出 tuō yǐng ér chū

汉语释义 颖:锥尖。锥尖透过布囊显露出来。比喻本领全部显露出来。也指工作时,通过努力超人一等,常用作褒义词。

字词PK "颖",形声字,读为 yǐng,本义是指"禾的末端,植物学上指某些禾本科植物小穗基部的苞片",如"颖果"。其基本义还有:(1)东西末端的尖锐部分,如:锋颖、短颖羊毫;(2)才能出众,如:聪颖、颖慧(多指少年聪明而有天才)、新颖、颖异(才能出众,如"少而颖异";构思比较新奇,如"构思颖异")、颖悟(多指少年聪慧过人)。"脱颖而出"是锥尖穿出布袋来,比喻才能全部显露出来,其中"颖"与"水"无关。

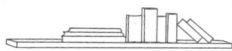

秒杀错别字

"颖",形声字,读为 yǐng,本义是河的名字。颖河,淮河最大的支流。"颖",还被用作地名,相传是郑庄公安置其母的地方。

近义词语 崭露头角

反义词语 深藏若虚　韬光养晦

秀给你看 国家机关和企事业单位在专业技术人员招聘、培训、职务职称晋升中贯彻男女平等原则,促进优秀女性人才脱颖而出。

W 组

1. 尾大不掉 〔尾大不吊〕
——尾巴太大,"掉头"不灵

汉语拼音 尾大不掉 wěi dà bù diào

汉语释义 掉:摇动、摆动、掉转。尾巴太大,掉转不灵。旧时比喻部下的势力很大,无法指挥调度。现比喻机构庞大,指挥不灵,难以驾驭。

字词PK "掉",摇也。本义是"摇,摆动"。有以下基本义:(1)落下,如:掉泪;(2)减损、消失,如:掉色、掉价;(3)遗失、遗漏,如:这一行掉了两个字;(4)回转,如:掉头、调转;(5)卖弄,如:掉书袋(言必据书史,断章破句,以代常谈,俗谓之掉书袋,语出《南唐书・彭利用传》);(6)对换,如:掉包、调换;(7)落在后面,如:掉队;(8)用在动词后表示动作完成,如:改掉、戒掉。该成语的意思是尾巴太大,摇摆不掉,因此与吊丧之"吊"毫无关系。

"吊",东汉许慎的《说文解字》对此是这样解释的:问终也。古之葬者,厚衣之以薪。从人持弓,会驱禽。意思是"古人死而不葬,只是放在

荒野里用柴薪盖着,但怕禽兽要来吃,连送丧的亲友都带着弓箭前来帮助驱除"。"吊",会意字,本义是悼念死者,是祭奠死者或对遭到丧事的人家、团体给予慰问,如:吊丧、吊孝、吊唁、凭吊。

近义词语 尾大难掉

反义词语 挥洒自如

秀给你看 他痛感拿破仑失败后法国的衰败,"自由、平等、博爱"的理想成为泡影,留下的是庞大的赤字、沉重的赋税和尾大不掉的官僚机构,因而也时时流露出在当时法国人民中很普遍的,对拿破仑的追念。

拿破仑像

2. 危言耸听 〔危言悚听〕
——夸大的话会让人吃惊(耸)

汉语拼音 危言耸听 wēi yán sǒng tīng

汉语释义 危言:使人吃惊的话。耸:引起注意,使人吃惊。耸听:使人听了感到很吃惊。指故意说夸大的吓人的话,使人惊疑震动,形容夸大事实吓唬人。

字词PK "耸",形声字,本义是指耳朵聋,在陈、楚、江、淮地区把生下来就耳朵聋的叫"耸",在荆阳之间及山东山西地区把两只耳朵都聋了的叫"耸",而郭璞注释道:"别人说话常常听不清的时候,会做出一个惯性动作,竖起耳朵靠近声音发源地。"由此引申出"耸"有"高起、矗立"的意思,如:高耸入云、耸立、耸拔、耸峙、耸人瞻仰(众人耸立瞻仰)、耸秀(高耸秀丽)、耸出(高耸突出)、耸耳(高起的耳朵;竖起耳朵)、耸然(高耸貌)。另外"耸"还有"惊动、惊惧"之意,如:耸动、耸人听闻、危言耸听、危辞耸听(故意说吓人的话使人听了吃惊、害怕)、巍然耸立(巍然:高大雄伟的样子。比喻像高山一样耸立,不可动摇)。"耸人听闻"的"耸"有引起注意、使人吃惊的意思,和一个耳聋之人要听清楚他人的言语势必要注意力高度集中相似,和"恐惧、害怕"没有关系。

"悚",惧也、形声字。本义是指"恐惧、害怕",如:毛骨悚然、悚惧、悚怯(惶恐胆怯)、悚愧(惶恐惭愧)、悚栗(恐惧战栗)、悚骇(惊恐)、悚异(惊异)。

近义词语 耸人听闻

秀给你看 当时的说法,伊拉克大规模杀伤性武器对美英构成了"紧迫威胁",但在伊拉克战后仍找不到开战理由的证据,使危言耸听的战争理由在阳光下烟消云散,也令主战国的决策者们在舆论面前尴尬万端。

3. 畏葸不前 〔畏崽不前〕

——像草(艹)一样畏惧退缩

汉语拼音 畏葸不前 wèi xǐ bù qián

汉语释义 葸:害怕。"畏葸不前"用来形容畏惧退缩,不敢前进的样子,常用作贬义词。

字词PK "葸",形声字,读音是 xǐ。本义是指"害怕、畏惧",如:畏葸不前(畏惧退缩,不敢前进的样子)、葸葸(畏惧的样子,小心谨慎的样子)。巧辨:父母希望自己的小崽子长得像大山一样伟岸,所以"崽"是山字头;"畏葸不前"的"葸"是"害怕、畏惧",与"山"无关。

"崽",形声字,读音是 zǎi。本义是"需要充分营养才能长得高大伟岸的小男孩",后也用来形容出生不久的小动物或小孩子,多用于方言或是骂人的话,如:你个小兔崽子。

近义词语　望而却步　畏缩不前　望而生畏　踌躇不前

反义词语　勇往直前　无所畏惧　锐意进取　奋勇向前

秀给你看　龚自珍说，那些好不容易而熬上去的官吏，因为阅历深，办起事来顾虑重重，畏葸不前，玩物丧志，苟且偷生，光拿俸禄而不干事。

4. 稳操胜券　〔稳操胜卷〕
——拥有能够制胜的计谋(券)

汉语拼音　稳操胜券 wěn cāo shèng quàn

汉语释义　稳稳地拿着胜利的凭证，比喻有充分的把握取得胜利。

结构用法　动宾式;可以作谓语、宾语、定语;形容有十分的把握。

字词PK　券，形声字，东汉许慎的《说文解字》这样解释:"券别之书，以刀判契其旁，故曰契券。"意思是:古代用于买卖或债务的契据，书于简牍，常用刀把它分为两半，双方各执其一，以为凭证，后改用纸帛书写。券要分成两半，因此从"刀"，本义是指契据，读为 quàn。现代指票据或作凭证的纸片，如:债券、国库券、入场券、证券、稳操胜券。"券"，还可读为 xuàn，意思是门窗、桥梁等建筑成弧形的部分，如"拱券(xuàn)"。"稳操胜券"是稳稳地拿着胜利的凭证，而不是稳稳地拿着胜利的书卷。

"卷"，形声字，本义用作动词，指的是"用对折后再折半的办法缩减幅度"，引申为"用连续滚动的办法收缩幅度"。"卷"也可用作名词，卷轴，即帛、纸的合拢形态，今为书籍的通称。古时的书籍写在帛或纸上，图书都以贯轴舒卷，所以卷轴成为书籍、著作或裱好装轴的书画的泛称。如:卷帙(指书。可舒卷的叫卷，编次的叫帙)、卷末(书卷的末尾)、卷次(卷第。书籍按卷分的次序)、卷尾(书籍字画的末尾处)。

近义词语　万无一失　十拿九稳

反义词语　一筹莫展

秀给你看　从目前情况看，如果近几次的民意调查误差率不大的

114

话,那么执政的全国民主联盟在大选中可以说是稳操胜券。

5. 乌合之众 〔污合之众〕
——暂时聚合的乌鸦似一盘散沙

汉语拼音 乌合之众 wū hé zhī zhòng

汉语释义 像暂时聚合在一起的一群乌鸦,乌鸦聚合,受惊易散。用来比喻临时勉强拼凑组合在一起的松散的、毫无组织纪律的一群无素养之人,常含贬义。

字词PK "乌",象形字,本义是一种鸟名,乌鸦,如"乌鸟(乌鸦之属)、乌鸢(乌鸦和老鹰)、乌鹊(乌鸦和喜鹊)、乌师(在妓院教唱或伴奏的乐师)、乌鸦嘴(比喻说话讨厌的人)"。因为乌鸦是指一种黑色的鸟,羽毛大多黑色或黑白两色,黑羽具紫蓝色金属光泽;翅远长于尾;嘴、腿及脚纯黑色。种类共有 36 种,分布几乎遍及全球,中国有 7 种。因此"乌"也就具有"浅黑色"的意思,如:乌衣(黑衣)、乌巾(黑头巾)、乌丸(墨的别名)、乌油(黑而光润)、乌麻(黑芝麻)、乌黑黑(黑压压)、乌丝(黑丝)。"乌合之众"指的是暂时聚合的一群乌鸦,因此只能用"乌"。

"污",秽也,形声字。本义是指"泥水坑、浊水池、小水坑",引申为"泥水、脏水、浑浊的水",泛指"脏的东西",如"去污粉、污水"。用作形容词,意为"脏的、不干净的",如"污泥、污垢、污渍";引申为"不廉洁",如"贪污、贪官污吏"。用作动词,意为"弄脏,使受辱,污辱",如"污损、污染、玷污、奸污"。

近义词语 一盘散沙

反义词语 如鸟兽散

秀给你看 纵然乌合之众,只要有一名好的将领,再加以一番苦练,不但可以学会武艺,学会阵法,也会牢记着如何严守军纪,有令则行,有禁则止,统万心而为一心,使全军如使一人。

115

秒杀错别字

6. 乌烟瘴气 〔乌烟脏气〕

——"瘴气"致病,与"疒"相关

汉语拼音 乌烟瘴气 wū yān zhàng qì

汉语释义 乌烟:黑烟;瘴气:热带山林中的一种湿热空气,旧时认为是瘴疠的病原。比喻空气污浊、环境嘈杂、秩序混乱或社会黑暗、风气不正。

结构用法 联合式;"乌烟"和"瘴气"都是名词,是并列关系,可以作谓语、定语、补语;含贬义。

字词PK "瘴",形声字,病字头,即与疾病有关,病字头表意,"章"字表音。"章"意为"遮挡"。"疒"与"章"联合起来表示"南方潮湿地区的一种病气,它像无形的屏风那样阻挡从北方南下的难民",因此它的本义是瘴气,指南方山林中能致人患上疾病的有毒气体,多指热带原始森林里动植物腐烂后生成的毒气。如:瘴雨(指南方含有瘴气的雨)、瘴海(南方海域;指南方有瘴气之地)、瘴乡(南方有瘴气的地方)、瘴疠(感受瘴气而生的疾病。亦泛指恶性疟疾等病)。乌烟是黑色的浓烟,呼吸多了也会引起呼吸道感染的疾病,因此呼吸乌烟和瘴气都会令人生病,故为"瘴(zhàng)气"而非"脏(zàng)气"。"乌烟瘴气"的本义就是黑烟和瘴气,后比喻环境嘈杂、秩序混乱或社会黑暗这些不好的现象。

"脏",形声字,本义是指身体内部器官的总称(内脏、五脏六腑、脏器),专指"藏精气而不泻"的脏器,如心、肝、脾、肺、肾;也可用来指脏腑及其所属经脉。"脏"还可用来指"玷污,不干净或不纯洁",读为 zāng,如:脏衣服、脏地毯、肮脏。也可用来指语言不文明,骂人,如:说脏话。

近义词语 乱七八糟

反义词语 明月清风

秀给你看 《尤利西斯》在表现手法方面新颖独创:作者为了表现人物的饥饿感,采用的是像肠胃蠕动时有节奏性的文笔来表现;为了反映妓院的乌烟瘴气,采用的是主客观混淆的写法;描写人物睡意蒙眬中的心理状态,用了长达40页的内心独白,而且不加标点,成为举世闻名的意识流表现手法的范例。

7. 五彩斑斓 〔五彩斑澜〕

——"斑斓"似花"纹"

汉语拼音 五彩斑斓 wǔ cǎi bān lán

汉语释义 五彩:指青、黄、赤、白、黑五色。斑斓:色彩错杂灿烂的样子。形容颜色非常好看,色彩相当丰富,多种颜色错杂繁多耀眼。

字词PK "斓",形声字,本义是指"平行的系列条纹"。斑马身上的条纹就是典型的"斓"。巧记:斑斓二字都有"文",文过饰非亦是"文"。

"澜",大波也,形声字。本义是指水坝泄洪时流出的水瀑,侧视形状如同半个大波浪,如"波澜壮阔、狂澜、巨澜、澜倒波随(犹言随波逐流,比喻言行无标准)、澜澳(水曲)、推波助澜"。

辨析:波、浪、澜。"波"即"水皮",指水面像动物皮张那样有弹性地上下起伏。"浪"指水波扬起时其侧视形状像狼尾从高处往下拖延。"澜"是大型的浪,洪水的浪。《尔雅》中诠释波浪的大小时说"大波为澜,小波为沦",另有《孟子》中也阐述了勘探一条河流的方法之一,一定要看它的波浪"观水有术,必观其澜",范仲淹在他的《岳阳楼记》中也有关于"澜"的词句"至若春和

范仲淹像

秒杀错别字

景明,波澜不惊",意思是:到了春风和煦,阳光明媚的时候,湖面平静,没有惊涛骇浪。

近义词语 五光十色 五彩缤纷 五颜六色 色彩斑斓

秀给你看 高大的棕榈树掩映下的低层白色小楼在五彩斑斓的灯光下若隐若现,使整个城市的魅力倍增。

X 组

1. 洗耳恭听 〔洗耳躬听〕
——洗净耳朵表示"恭敬"

汉语拼音 洗耳恭听 xǐ ěr gōng tīng

汉语释义 洗干净耳朵,恭恭敬敬地听别人讲话,也指专心地听。

结构用法 偏正式,可以作谓语、宾语、定语;用于讽刺或诙谐。

字词 PK "恭",敬也,形声字。本义是指一个人在行为举止、外在态度上恭敬,谦逊有礼。何胤曾说:"在貌为恭,在心为敬。"意思是说:显示在外的恭恭敬敬、谦逊有礼称为"恭",隐含在内心的佩服和服从称为"敬"。"洗耳恭听"的意思是洗干净耳朵,恭恭敬敬地听别人讲话,所以只能是"恭",如果用"躬"表示的是"亲自"的意思,一个人倾听他人的诉说有不亲自的吗? 类似于"恭"表"恭敬、谦逊有礼貌"的意义的词语还有很多,如:恭谨、恭默(谦恭、沉静不语)、恭倨(恭敬和傲慢)、恭恪(心存恭敬而态度谨慎)、恭和(谦恭温和)、恭素(恭谨纯朴)等。

"躬",身也,形声字。本义是指"整个身体",引申为动词义"稍微向前弯身",以表尊敬,如:鞠躬、躬身下拜(微微向前弯曲身体,叩首而

拜),再引申为副词义"亲自、亲身",诸葛亮在《出师表》写道"臣本布衣,躬耕于南阳"用的就是此义,还有其他词语也用的是"亲自、亲身"之意,如:躬耕乐道(躬耕:古时天子亲自下田的礼节。亲自耕种,乐守圣贤之道)、躬身(亲身,自身)、躬稼(亲身从事农事)、躬卒(亲自率领,亲身实行)、事必躬亲(凡事都要自己亲自去做)。陆游曾在《冬夜读书示子聿》中有一名句"纸上得来终觉浅,绝知此事要躬行",意思是说:从书本上得到的理论知识终归是浅薄的,要真正理解书中的深刻道理、透彻地认识事物还必须亲身去实践。

近义词语 倾耳细听

反义词语 充耳不闻

秀给你看 会上,职工发言积极,气氛活跃,言辞尖锐,建议中肯,公司领导和上级领导洗耳恭听。

2. 向隅而泣 〔向偶而泣〕

——孤独的人只好对着墙角(隅)哭泣

汉语拼音 向隅而泣 xiàng yú ér qì

汉语释义 向:对着;隅:角落;泣:小声地哭。一个人面对墙角哭泣。比喻非常孤立或得不到机会而失望地哭泣。

结构用法 偏正式,可以作谓语、定语、宾语。

字词PK "隅",形声字,本义是指土山的角落或内凹处,读音为yú,其基本本义有:(1)角落,如:城隅、墙隅、屋隅、向隅而泣;(2)将近中午的时候,如:隅中;(3)靠边的地方:海隅。比如成语"负隅顽抗"用的就是"隅"的本义"山势弯曲险阻的地方","负"有依靠之意,"负隅顽抗"是指凭借险阻,顽固抵抗,比喻依仗某种特殊条件,顽固进行抵抗。

"偶",形声字,本义是指"镜像人,某人的镜像",特指"仿照某个特定人形而制成的木偶",泛指"人形玩具、玩具娃娃"。"偶"的读音为ǒu,它的基本本义有:(1)用木头或泥土等制成的人形,如:偶像、木偶;(2)

配偶的简称;(3)双数,如:偶数;(4)偶然、偶尔;(5)偶,中国的姓氏之一;(6)网络流行语,多见于网络中,深受网民广泛使用。台湾口语"偶"就是"我"的意思,引申出一个新的组合词语"偶们",即"我们"的意思。

近义词语 小声哭泣

反义词语 开怀大笑

秀给你看 老父亲和我们握过手,领着我们到了窑前,路遥的生母马芝兰闻声从窑里跨出,立刻难过起来。我们一同坐进窑里,两位老人一个嚎啕大哭,一个向隅而泣。

3. 胁从不问 〔协从不问〕
——被"胁迫"的人犯错能从宽处理

汉语拼音 胁从不问 xié cóng bú wèn

汉语释义 被胁迫的从犯不予以追究,宽大处理。胁:威胁、逼迫、恐吓。

字词PK "胁",两膀也,腋下之名也。"其骨谓之肋,牲体则谓之拍"。意思是说:人在腋下的那块骨头被叫做"肋骨",而牲口等动物的那个身体部位称之为"拍"。"胁"是个形声字,本义是指"腋下肋骨所在的部分"。它的基本义有:(1)从腋下到肋骨尽处的部分,如:胁下;(2)逼迫恐吓,如:胁迫、威胁、胁持、胁从;(3)收敛,如:胁肩谄笑(收缩肩膀,强为媚悦之颜,形容谄媚人的丑态)、胁肩低眉(低三下四的样子)、胁肩累(lěi)足(形容恐惧的样子)。"胁从不问"的意思是被威胁强迫的从犯不予以追究,宽大处理,因此应为"胁"。

"协",众之同和也。本义是指"和睦、融洽",指共同合作,和洽,如:协正(调整而使之正确)、协序(调和使有规律)、协律(调和音乐律,使之和谐)、协顺(调和使如意);也常用于表示帮助,辅助,如:协助。

秀给你看 党的政策是坦白从宽,抗拒从严;首恶必办,胁从不问。

· · · ·

秒杀错别字

4. 修葺一新 〔修葺一新〕
——出现了裂"口"需修整

汉语拼音 修葺一新 xiū qì yī xīn

汉语释义 修理建筑物,使它像新的一样。

字词PK "葺",形声字,本义是指用茅草覆盖屋顶,今指修理房屋,如:修葺,读为 qì。巧辨:"葺"字比"茸"字中间多一个口字。

"茸",本义是指公梅花鹿或公马鹿头上一对未骨化而带细毛的嫩角。公梅花鹿、公马鹿在 8~10 月龄时,额部开始突起,形成长茸基础,二足岁以后,鹿茸开始分岔。公鹿每年早春脱换新角。公鹿从三岁时开始锯茸。每年可采收 1~2 次。每年采一次者,采收时间约在 7 月下旬。每年采 2 次者,采收时间第一次在清明后 45~50 天,习称"头茬茸";第二次约在立秋前后,习称"二茬茸"。鹿角成对,一边一支,靠近耳朵。鹿角的萌发生长与草本植物同时,都在早春。鹿角表面长有细毛,此点亦与一些草本植物相同。所以古人用"艹"表示貌似草本植物的嫩鹿角,用"耳"表示出"鹿角成对,且长在耳朵附近"的意思。"茸"读为 róng,其意思有:(1)草初生纤细柔软的样子,如:绿茸茸的草地、毛茸茸的小草;(2)细柔的毛、发,如:茸毛;(3)指"鹿茸":雄鹿的嫩角,带茸毛,含血液,如:参(shēn)茸(指人参和鹿茸)。

近义词语 焕然一新 耳目一新 面目一新

反义词语 破旧不堪

秀给你看 为庆祝国庆,各主要街道和路口摆放了二十多万盆鲜花,各主要公园修葺一新,分别举行了各具特色的活动。

5. 虚左以待 〔虚座以待〕

——古代以"左"为尊

汉语拼音 虚左以待 xū zuǒ yǐ dài

汉语释义 虚:空着;左:古时以左为尊;待:等待。空着尊位等候宾客、贵人,也泛指留出位置恭候他人。

字词PK "座"的意思是座位。"左"在本成语中是古汉语的遗留。在古代,座位是以左为尊,因此是"虚左以待",空出尊贵的位子给宾客。这是旧时礼制习俗观念,年代不同,左右尊卑也不同。古代等级制度严格,左右为区别尊卑高下的标志之一,普遍实行于各种礼仪之中。由于君主受臣子朝见时,南面而坐,左东右西,臣子北面而立,左西右东,朝臣依官位由尊至卑一字排开,若官位高者有东,卑者在西,则尊右贱左;反是,则尊左贱右。各代情况不一,考核史籍,情况如下:夏商周时,朝官尊左;宴饮、凶事、兵事尊右。战国时朝官(即文官)尊左,军中(即武官)尊右。秦尊左,汉代尊右。六朝朝官尊左,宴饮尊右。唐宋明清尊左,元代尊右。一般在喜庆活动中,以左为贵,在凶伤吊唁中,以右为尊。整理资料后结果如下:

(1)夏、商、周、晋(包括春秋战国、南北朝、五代十国):文官尊左,武将尊右;(2)秦、唐、宋、明:尊左;(3)汉、元、清(包括三国时期):尊右。

中国古代是以左为大(上),其主要原因是:中国古代男左女右,对应男尊女卑,相学上也是男看左手,女看右手,从这点看,应该是左为上(大)位。在中央电视台科学教育频道的节目《百家讲坛》中,中国人民大学的金教授说,在中国(古代)左为上(大)位,右为下位,而在西方国家则与中国相反。他说在中国古代一把手站在中间,二把手站在一把手的左边,三把手则站在右边,以《三国演义》封面上的三位人物的排列次序为例,分别是:刘备(大哥)站在中间,关羽(二哥)站在刘备左边(从我们看得角度是右边),张飞站在右边。这个排列次序正符合金教授所

123

秒杀错别字

说,以左为尊。

秀给你看 诸贵客见公子亲往迎客,虚左以待,正不知甚处有名的处士,何方大国的使臣,俱办下一片敬心侍候。(明代冯梦龙《东周列国志》第94回)。

6. 轩然大波 〔喧然大波〕
——以"车"的力量才能掀起大的波涛

汉语拼音 轩然大波 xuān rán dà bō

汉语释义 轩然:高高涌起的样子。高高涌起的波涛,比喻大的纠纷或乱子,指不好的影响。

字词PK "轩",形声字,本义是中国古代一种前顶较高而有帷幕的车子,有窗的长廊或小屋,供大夫以上乘坐。读为 xuān,其含义有:(1)指古代一种有围棚或帷幕的车;有窗的长廊或小屋等。如:轩服(轩车与冕服)、轩朱(古代显贵者所乘坐的车子)、轩车(曲辕而有帷幕的马

轩车画像砖

车,是古代大夫以上的坐车)。(2)有窗的长廊或小屋。(3)门、窗、楼板或栏杆。(4)古代车子前高后低叫"轩",前低后高叫"轾",引申为高大,如:轩昂(气概不凡,高大雄伟)、轩秀(挺拔秀出)、轩眉(即扬眉,形容得意的样子)、轩峙(高耸矗立)、轩特(轩昂出众)、轩举(高昂,爽朗)。(5)姓,轩姓。(6)指好的气质:优雅,高尚,温文尔雅。巧记:车上的围棚或帷幕就像是海上涌起的波涛,所以是轩然大波。

"喧",大语也。本义是指说话的声音很大而且声音杂乱嘈杂,如:喧哗、喧闹(吵嚷的声音)、喧嚷、喧腾(喧闹沸腾)、喧嚣(声音杂乱,不清静)、喧宾夺主(喧,大声吵嚷。客人谈论的声音超过了主人的声音。比喻客人取代了主人的地位,或外来的、次要的事物侵占了原有的、主要的事物的地位)。

近义词语　波涛汹涌　波澜壮阔
反义词语　小事一桩

秀给你看　去年5月29日,英国广播公司报道国防事务的记者吉利根发表报道,称英国政府为发动对伊拉克战争,故意夸大伊拉克大规模杀伤性武器威胁。该报道在英国引起轩然大波,作为消息来源的英国武器专家凯利在名字被公开并接受有关质询后,迫于压力自杀身亡。

7. 宣泄　〔渲泄〕
渲染　〔宣染〕

——疏导排解为"宣",染色需要有"水"

汉语拼音　①宣泄 xuān xiè　②渲染 xuàn rǎn

汉语释义　①"宣"为疏导,"泄"为放出,"宣泄"即是把情绪通过疏导而排解、释放出去的过程,此种紧张与抑制冲突、记忆或观念有关,常伴有对痛苦经历的回忆。②"渲染"有四种含义:第一种含义是指中国画的一种画法,用水墨或淡的色彩涂抹画面,有不同寻常的艺术效果。"渲"是在画纸上略敷水墨或色彩;"染"是用大面积的湿笔在形象的外

围着色或着墨,烘托画面形象。第二种含义是指物像间的衬托,如:清代杜诏《渡江云·徐鸣皋过访云川阁坐雨》词:"秋香湿透,渲染就,一片秋浓。"第三种含义是指一种文艺创作表现手法,对所写对象作突出的描写、形容、烘托。秦牧的《艺海拾贝·艺术力量和文笔情趣》:"古代诗人形容大雪纷飞,说是'战罢玉龙三百万,败鳞残甲满天飞'。形容贴梗海棠的艳丽,说是'八万四千天女洗脸罢,齐向此地倾胭脂'。这都一下子就把平凡的事物渲染得瑰奇起来了。"第四种含义是指对事物的铺张、夸大,如:他再一次把事情的经过加以渲染,有声有色地重述了一遍。

字词 PK "宣",形声字,本义是指古代帝王的大室,即古代帝王的宫殿,读音为 xuān,其意思有:(1)公开说出、散布,如:宣讲、宣传、宣战、宣称、宣言、心照不宣、宣布、宣读。(2)疏导、疏通,如:宣泄。(3)古代帝王的大室。(4)皇帝命令或传达皇帝的命令,如:宣付,宣召(皇帝召见)、宣诏(传旨)。(5)姓。

"渲",以水墨再三而淋之,谓之渲。形声字,从水,宣声。读音为 xuàn,渲的本义是指一种绘画方法,先把颜料涂在纸上,再用笔蘸水涂抹使色彩浓淡适宜,是一个名词;后来才引申出了动词义,指将事态扩大,如渲染。

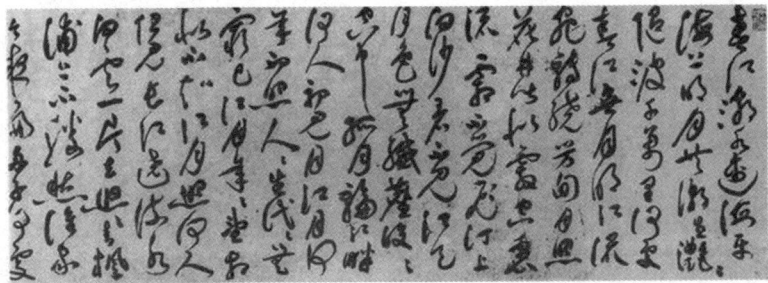

祝允明书法《春江花月夜》(局部)

①古文中的渲染:记叙文中,运用渲染这种表现手法,对文章中环境和人物着意描写、烘托,以加强气氛,深化主题。渲染本是一种国画技法,一般是在需要强调的地方浓墨重彩,使画面形象的某一方面更为突

出。用于艺术创作,就是指正面着意描写。例如,白乐天《琵琶行》(第二节)极尽笔墨之能事,通过对琵琶声及其富于变化的演奏的铺叙渲染,表现了音乐的高妙;张若虚《春江花月夜》对春江月夜景色的渲染,流露出离愁,表达了对人生短促的感慨和对宇宙人生的探索。如杜甫的《绝句》:两个黄鹂鸣翠柳,一行白鹭上青天。窗含西岭千秋雪,门泊东吴万里船。作者突出了刚抽新芽的柳枝,成双成对的黄鹂,自由自在的白鹭和一碧如洗的青天,四种鲜明的颜色新鲜而且明丽,构成了绚丽的图景。色彩的渲染可以传达出愉快的情感,一言以蔽之,渲染即对事物进行正面描写铺叙,追求笔墨酣畅,痛快淋漓。

②常用的渲染方法:(1)反复:它用形式相同或相近的句子反复出现,以抒发情感,渲染情绪,突出主题,如《周总理,您在哪里》一文。(2)烘托:它借描写环境或特定的气氛,表现人物的一定情绪。鲁迅小说《故乡》开头对故乡冬景的描写,对人物凄楚心理和作品的主题,起着有力的渲染作用。(3)环境描写或景物描写:渲染气氛,烘托人物,寄托感情。

127

近义词语 ①释放 ②营造 烘托 烘染

秀给你看 ①美国研究人员发现,经常发脾气的人容易发生房颤(一种心律不齐),靠发脾气来宣泄个人压抑情感的方式对心脏健康有害。②大师用细细的线勾勒出青山流水,渲染出刚柔并济的独特美感。放眼西藏大草原,一碧千里,每棵小草都翠色欲流,这就是大自然的奇迹。

Y组

1. 言简意赅　〔言简意骇〕
骇人听闻　〔赅人听闻〕

——言语不多,但意思完整(赅);有些消息会使人很吃惊(骇)

汉语拼音　①言简意赅 yán jiǎn yì gāi　②骇人听闻 hài rén tīng wén

汉语释义　①简:简练;赅:完备、完整。言语不多,但意思包括无遗。形容言语简练而意思完整。②骇人听闻:指使人听了感到非常震惊。

字词PK　"赅",形声字,本义是"完备",读音为 gāi,如:言简意赅、赅简(齐备而扼要)、赅综(齐备而有条贯)、赅备(完备)、赅博(学识广博渊深)、赅括(概括),由"完备"之义引申出"概括,包括"的意思,如:举一赅百(由一件事情概括、类推出许多事情)。

"骇",形声字,本义是指"惊惧、惊恐、害怕",读为 hài,如:惊骇、骇叹、骇惧、骇汗(因惊恐而流汗)、骇突(受惊而乱窜)、骇殚(惊惧)、骇驷(狂奔的驷马)、惊涛骇浪。

近义词语 ①要言不烦 简明扼要 言简意深 ②耸人听闻 危言耸听

反义词语 ①长篇大论 连篇累牍 空洞无物

秀给你看 ①邓小平向他介绍了中国的改革开放政策,邓小平言简意赅、直击要点的谈话风格给他留下了深刻印象。②有些影视明星为了提高知名度,故意做一些骇人听闻的事,真是不可取。

2. 一筹莫展 〔一愁莫展〕
——一点计策(筹)也想不出来

汉语拼音 一筹莫展 yì chóu mò zhǎn

汉语释义 一:一点。筹:古代用于计数的算筹,也可说为计策。莫:没有。展:施展。一点计策也施展不出,一点办法也想不出来。

字词PK "筹",形声字,本义是指一种计数的器具,也可用来作为领取物品的凭证,多用竹子做成,可反复使用。如:筹算、筹码(古代投壶计算胜负的用具。旧称货币或能代替货币的票据)、略胜一筹、竹筹、酒筹。后由它的名词义引申出动词义:(1)策划、谋划、计策,如:筹谋(筹划谋虑)、筹建(筹划建立)、筹备(为进行工作、举办事业或成立机构等事先筹划准备)、筹算、统筹(统一筹划);(2)筹措(设法筹集,想办法弄到),如:自筹资金、筹措军饷、筹借、筹集、筹了一笔款。再引申为名词义"计策、办法",如:一筹莫展(一点儿计策也施展不出来,一点办法也想不出)、运筹帷幄之中,决胜千里之外(在后方决定作战策略,泛指筹划决策)。

"愁",忧也,形声字。本义是动词义,指的是"忧虑、担忧",如:忧愁、愁苦、愁楚、愁绪、愁闷、愁容、愁绪、借酒浇愁、多愁善感、愁思(忧愁的心绪)、愁绝(忧愁到极点)、愁怀勃勃(心中有万端愁绪;非常忧戚)。后引申为形容词,用来形容:(1)凄惨、惨淡,如:愁红(憔悴的残花。用以比喻女子的愁容)、愁戚戚(愁切切,愁凄凄。凄惨愁苦的样子);(2)

悲哀、哀伤,如:愁痛(悲痛)、愁悲(悲愁,悲哀愁苦)、愁郁郁(忧伤的样子)、愁肠百结(忧愁的心肠绕成了一百个结。形容焦躁、痛苦、忧伤之极)、愁肠寸断(忧愁的心肠断成了一寸一寸的。形容极其焦虑而痛苦,难以言状)。

近义词语　束手无策　无计可施

反义词语　神通广大　大显神通

秀给你看　一遇风浪,便惊惶失措;一有困难,便一筹莫展;这样的企业不管谁去扶持,最终也只能被市场淘汰。

3. 一蹴而就　〔一促而就〕
——踏(蹴)一步就能成功

汉语拼音　一蹴而就 yī cù ér jiù

汉语释义　蹴:踏;就:成功。踏一步就成功。比喻事情轻而易举,一下子就成功。

字词 PK　"蹴",形声字,足字旁,与脚的动作有关,因此"蹴"的本义是指"踩,踏",读为 cù,如:一蹴而就、蹴踏。引申为"踢",如:蹴鞠(踢球)。还可指"踏",如:蹴踏、一蹴而就。另外"蹴"还可以用作"蹲"的意思,读为 jiù,如:蹴在窗户下面吃饭。

"促",速也,形声字。本义是指时间紧迫,又指急促赶快,读为 cù。其基本义有:(1)时间紧、迫切,如:短促、急促;(2)催、推动,如:催促、促销(推动商品销售)、督促、促进、促其成功、促狭(爱捉弄人、刁钻);(3)靠近、紧挨着,如:促膝谈心(膝盖对着膝盖,指两人面对面靠近坐着,聊着彼此的心情感受)。

近义词语　一蹴即至　一举成功

反义词语　欲速不达

秀给你看　他认为,这一问题无法一蹴而就解决,需要几年甚至十几年的努力才能完成。

4. 一抔黄土 〔一杯黄土〕

——以"手"抔黄土

汉语拼音 一抔黄土 yī póu huáng tǔ

汉语释义 一抔:一捧。一捧黄土。借指坟墓,现多比喻不多的土地或微弱、渺小的反动势力。

字词 PK "抔"的读音是 póu,形声字。提手旁,即表示用手来实施某行为动作,因此"抔"的本义是指"用手捧着、掬着",如:抔饮（以手掬水而饮）、抔土（抓土;一捧之土。极言甚少）。还可以用作量词,指土、沙一类的东西,如:一抔土。

三足杯

"杯"的读音为 bēi,形声字。本义是指"用来盛水、茶、酒等液体的器皿",如:酒杯、玻璃杯、杯水车薪（用一杯水去救一车着了火的柴,比喻力量太小,起不了什么作用）、茶杯、杯茗（茶杯与茶水）、杯酒戈矛（比喻为一件小事大动干戈）、杯杓（bēi sháo 酒杯和杓子。借指饮酒）。引申为杯状的东西,如:奖杯、银杯。杯子,日用器皿,从古至今其主要功能都是用来饮酒或饮茶。基本器型大多是直口或敞口,口沿直径与杯高近乎相等。有平底、圈足或高足。考古资料表明最早的杯始见于新石器时代。无论是仰韶文化、龙山文化还是河姆渡文化遗址中都见有陶制杯的存在。这一时期杯型最为奇特多样:带耳的有单耳或双耳杯;带足的多为锥形,三足杯、觚形杯、高柄杯等等。

秀给你看 陆小凤面对一抔黄土,苦苦思索鹰眼老七死前对他说的不完整的秘密。

5. 贻笑大方 〔遗笑大方〕
——留给(贻)人笑柄

汉语拼音 贻笑大方 yí xiào dà fāng

汉语释义 贻:遗留。贻笑:让人笑话,被人讥笑。大方:原指懂得大道理的人,后泛指见识广博或有专长的人,指让内行人笑话。

结构用法 偏正式;可以作谓语、宾语、定语;含贬义。

字词PK "贻",形声字,本义是指"赠送",如:馈贻、贻赠。后引申为"遗留、留下",如:贻害无穷(留下无穷无尽的祸害)、贻人口实(给人以可利用的借口,让人当作话柄)、贻误(错误遗留下去,使收到坏的影响,耽误)、贻笑大方(被有学问或内行的人所笑)。"贻笑"强调的是被人讥笑。

"遗",亡也。本义是指"精华移走",即"物体离开而其精华留下;物体留下而其精华移走"。"遗"有两个读音,yí 和 wèi,当读为 yí 时,其基本义有:(1)遗失,遗失的东西,如:路不拾遗(东西掉在地上没有人捡走据为己有,形容社会风气很好,也作"道不拾遗");(2)遗漏,因疏忽而漏掉,如:遗忘、补遗;(3)残存、留下,如:遗迹(古代或旧时代的事物遗留下来的痕迹)、遗憾、不遗余力(用出全部力量,一点儿也不保留);(4)专指死者留下的,如:遗容、遗嘱、遗著、遗作、遗族、遗物;(5)排泄大小便或精液,多指不自主的,如:遗尿、遗精;(6)生物体的构造和生理机能由上一代传给下一代,如:遗传、遗传学、遗传工程。当读 wèi 时,其义是"送给、馈赠",如:遗之千金。

近义词语 见笑大方 班门弄斧

秀给你看 当时只顾写,也没有想到去发表,现在书要印出来了,心里真有点惶惶然,只怕要贻笑大方。

6. 越俎代庖 〔越俎代疱〕

——主祭的人代替厨师(庖)办席

汉语拼音 越俎代庖 yuè zǔ dài páo

汉语释义 越:超过;俎:古代祭祀时摆祭品的礼器;庖:厨师。主祭的人跨过礼器去代替厨师办席。比喻处理超过自己职权范围的事情。

结构用法 连动式;可以作谓语、定语;贬义词。

字词PK "庖",厨也,形声字。本义是指"厨房",读为 páo,如:庖鼎(厨房里烹调的器具)、庖厨(厨房)、庖屋(厨房)、庖廪(厨房和粮仓)。引申为在厨房里忙活事情的人"厨师",如:庖子、庖人、名庖(有名的厨师)、庖丁(名字叫做"丁"的厨师,先秦时期的古书往往把职业名称放在人名之前)。"越俎代庖"的"庖"用的也是此义,"越"是超过、超越,"俎"是古代祭祀时盛放牛羊猪祭品的器具,"代"是代替。"越俎代庖"的本义是指厨师不做祭祀用的饭菜,管祭祀的人也不能越位来代替他下厨房做菜,比喻处理超过自己职权范围的事情。"庖"由名词义"厨房"、"厨师"引申出动词义"烹调",如:庖脍(指脍、炙佳肴)、庖膳(膳食)、庖炙(烧烤肉)、庖正(掌管饮食官)。

"疱",是个形声兼会意字,病字头,即表示与疾病有关,本义是指面部所生的小疙瘩,读为 pào,俗称"粉刺",即"青春痘"。在现代汉语中"疱"引申指皮肤上长的像水泡的小疙瘩,常常成片出现在皮肤表面,呈黄白色或半透明状,常常被认为是一种病,如:小水疱、小脓疱、疱疹(pào zhěn)。

"疱"比"庖"多出两点,即"厨师"脸上多出"一堆青春痘"或皮肤方面的疾病"小疙瘩",这样的"厨师"要是进了"厨房",那对于食物的传染指数会骤然升高,不合人类卫生饮食习惯,因此"越俎代庖"的"庖"(厨师)不应该用带有病字头的"疱"。

近义词语 牝鸡司晨

秀给你看 有些家长溺爱孩子,对孩子能干的事情也喜欢越俎代庖,更养成了一些孩子事事依赖成人的习惯。

Z 组

1. 针砭时弊 〔针贬时弊〕
——用针刺、用"石"刮来治病

汉语拼音 针砭时弊 zhēn biān shí bì

汉语释义 "针砭(biān)"是指用来治病的石头针,也指用石头针来治病,偏旁随"石头",因此它的本义是指用针刺、砭刮等方法治病。现在常引申为指出、发现和劝人改正错误;"时弊"是指当时社会的弊病。两者合在一起,"针砭时弊"是说像医病一样,指出时代和社会问题,又针又砭,求得改正向善。"针"侧重于思,"砭"侧重于言。

字词PK "砭(biān)",以石刺病也,形声字。本义是名词义"治病、刺穴的石针",可用来指"专用于排脓、放血的石刀、石针",也可用来指"专用于刺激穴位的针灸用针",引申为动词义"以石针排脓、放血,用石针扎皮肉治病",引申为"刺",如:寒风砭骨(刺入骨髓,形容使人感觉非常冷或疼痛非常剧烈)。在"针砭时弊"这个成语中,"针"和"砭"都是治病的工具,一个由金属制成,一个由石器制成。

古人以砭与针连称,称"针砭"或"砭针"。这说明二者既有区别又有联系。说"联系",是指"针由砭发展而来"。"砭"是一种带有尖头的石刀(这是它和真正的针灸用针的区别)。它被发明出来的时候,人体经络穴位还没有被发现,因此它在初期还只是排腥脓、放毒血的医疗器具,并不用于针刺穴位以治病。随后,随着砭术的广泛应用和实践,人们发现了人体穴位,往后,"砭"由尖头石刀进化为圆柱形的石针,后者才是真正的针灸用针,但名称仍为"砭",所以古文献提到"砭"的时候,总说它用于"刺"。但纤细的圆柱形石针很难磨制,且容易折断,故古人转而采用竹制的针灸用针,后来又改用金属制作针灸用针,名其为"针"。

　　"贬(biǎn)",损也。基本义有:(1)从贝,与钱财有关,本义是指钱财的减少、减损,如:贬值;(2)降低(封建时代多指官职,现代多指价值),如:贬官、贬谪(封建时代指官吏降职,被派到边远地方做官)、贬黜(降低或罢免官职)、贬低(有意降低对人或事物的评价)、贬抑(贬低并压制);(3)指出缺点,给予不好的评价,与"褒"相对,如:有褒有贬、贬义(言辞或字句里含有不赞成或坏的意思)、贬义词(含有厌恶、贬斥等感情色彩的词)、横加贬责(指出过失,加以批评、责备)。

135

　　秀给你看　外省作家那种自觉的群体意识和创新意识,似乎比我们更为明显,但我们山西作家的严肃、朴实、浑厚、深沉,以及那种敢想敢干、直面现实、针<u>砭</u>时弊的勇气和刚直,在当今的社会中,则显得更为可贵。

2. 赈济灾民　〔振济灾民〕
　　——用"钱"赈灾济民,与"贝"相关

　　汉语拼音　赈济灾民　zhèn jì zāi mín
　　汉语释义　用财物救济灾民。
　　字词PK　"赈",形声字,贝字旁,即表示与钱财有关,因此它的本义是拿钱财去救济他人,如:赈给(救济,赈济)、赈田(专为赈济饥荒之用的田地)、赈贷(救助,救济)、赈荒(赈济遭荒灾民)、赈物(赈济的物

秒杀错别字杀错别字

品）、赈济、赈灾、赈捐。巧辨：有钱有物才能赈灾。

"振"是提手旁，与手的动作有关，其意思是：(1)搬动、挥动，如：振动、振荡、振幅。(2)奋起、兴起，如：振奋、振作、振兴(xīng)。

秀给你看　抗战前期他远走南洋，多次办画展义卖美专师生作品，包括他个展四次所得，全部寄给贵州红十字会声援抗日，赈济灾民。

3. 炙手可热 〔灸手可热〕
——手摸上去会热得变成烤肉(炙)

汉语拼音　炙手可热 zhì shǒu kě rè

汉语释义　炙：烤。本义指手摸上去感到热得烫人。比喻权势大，气焰盛(多指权贵气势盛)，使人不敢接近。

字词PK　"炙(zhì)"，烤肉也，会意字。本义是指"烧烤，把去毛的兽肉串起来在火上薰烤"，如：炙兔、焚炙忠良、炙手可热(热得烫手，比喻权贵气焰很盛)、脍炙人口(美味人人爱吃，比喻好的诗文、事物大家都称赞)。还有我们经常会形容吃剩下的饭菜或者别人施舍的东西叫做"残羹冷炙"，"炙"是烤肉，"羹"是肉菜煮成的汤，而多数人都会把这些"残羹冷炙"保存起来，一餐再一餐地吃下去。从医学上证明，这真是一个极有害的陋习，主要对身体健康危害极大。"炙"后来由"烧烤、烤肉"引申为"受到熏陶"，如：亲炙(直接得到某人的教诲或传授)。"炙手可热"的意思是手摸上去感到热得烫人，因此要写成"炙"。

"灸(jiǔ)"，灼也，形声字。本义是"灼、烧"，用来指中医针灸术的一种疗法，即用燃烧的艾火烧灼、熏烤身体特定的穴位或某一部位，或者在体表放置薄片生姜等，隔姜烧烤，以疏通经络，调和气血，达到治病的效用。灸法和针刺常并用，称"针灸疗法"。《医学入门》中曾记载"药之不及，针之不到，必须灸之"，意思是：药物渗透不到的地方，针砭涉及不到的地方，必须用"艾灸"的中医疗法。和"灸"连用的词语还有很多，如：灸刺(艾灸和针刺)、灸客(接受灸疗的病人)、灸眉(用艾炷烧灼眉头以治狂疾）、灸师（以灸术治病的医师）。

近义词语 烜赫一时

秀给你看 从那一刻起，上海世博会会徽就成为全球平面设计界炙手可热的话题。

4. 中流砥柱 〔中流抵柱〕
——只有"石"头才能作急流中支柱

汉语拼音 中流砥柱 zhōng liú dǐ zhù

汉语释义 砥：屹立于河水中的石柱，比喻坚强而能起支柱作用的人或集体。

结构用法 偏正式，可以作定语、宾语；褒义词。

字词PK "砥"，形声字，本义是指一种细的磨刀石。在石器时代人类用的武器或借助的工具通常是运用石刀，石制的刀器需要磨砺，在打磨石刀时，磨石位于下部，石刀位于其上，因此称磨石为"下石"、"底石"，由磨刀石引申为"磨炼、磨砺"的动词义，如：砥石（磨刀石）、砥磨（在磨刀石上磨）、砥砺、砥刃（磨利兵器）、砥钝（磨钝成利）。还可以用作形容词，意为"平直的、平坦的"，如：砥矢（比喻平直）、砥平（平直，平坦）、砥直（公平正直）、砥路（平坦的道路）。"中流砥柱"中的"砥"是指屹立在黄河激流中的砥柱山（在中国三门峡），常用来比喻那些中坚人物或力量所起的支柱作用。

"抵"，挤推也，形声字。本义是指"用手掌顶住"。其基本义有：(1)支撑、顶住，如：把门抵住、他用手抵着下巴；(2)阻挡、抗拒，如：抵抗、抵制、抵御；(3)顶替、相当，如：抵债、抵偿；(4)到达，如：抵达、平安抵京；(5)对立、排斥，如：抵触。

近义词语 砥柱中流 擎天柱石

秀给你看 中国共产党是我国社会主义现代化事业的坚强领导核心，是全国各族人民的中流砥柱。

5. 钟灵毓秀 〔钟灵玉秀〕
——天地的灵气孕育(毓)优秀人物

汉语拼音 钟灵毓秀 zhōng líng yù xiù

汉语释义 钟:凝聚,集中。毓:产生,养育,孕育。凝聚了天地间的灵气,孕育着优秀的人物。指山川秀美,人才辈出。

字词PK "毓",形声字,本义是指"稚苗嫩草遍地而起",引申为"生养草木",用为动词义是"生育、养育、孕育",如:钟灵毓秀。《周礼·太宰》中有一句"园圃毓草木",意思是说花园和菜地里能够养育出草木。中国最早的一部国别史著作《国语》中有一句"黩则生怨,怨则毓灾",意思是说:轻浮傲慢容易使人生出怨恨和不满,而怨恨会引发出祸害。"毓"是"育"的本字,本义为生育。如今的"育"和"毓"都保留了上面的类似"云"的部分,这其实就是"子"字倒过来写了。

"玉",石之美者,会意字。本义是指"王者腰部佩戴的美石"。"玉"的发音同"域",后者指王者领有的国土。"玉"是远古王室享有的美石,用于制作规范社会关系的各种指示性、标志性、象征性的器物,作为古代社会人际关系的调整器。"玉器"就是雕刻有王室标记图案——饕餮纹——的美石器物。"玉"的基本义有:(1)硬玉和软玉的统称,质地细腻,光泽温润,可用来制造装饰品或做雕刻的材料,也叫"玉石",如:玉器、玉玺(君主的玉印)、抛砖引玉、金玉良言、"玉不琢,不成器"(琢:雕,刻。玉石不经雕琢,成不了器物。比喻人如果不经历磨难,就会难以成材)。(2)用于比喻,形容洁白或美丽,如:玉颜、亭亭玉立、玉液(美酒)、玉宇(传说中

饕餮纹

神仙居住的华丽的宫殿,也可指天空或宇宙)、金科玉律、金玉良言、"金玉其外,败絮其中"(比喻外表很好,实质很糟糕)。(3)敬辞,用于称对方身体或行动,如:亿候玉音(一般用来称等候对方的书信或言辞,多用于书信)、玉体(敬辞,用来称别人的身体,也可指女子肌肤细润的身体)、玉言、玉姿、玉照(敬称别人的照片)、玉成。(4)姓。

近义词语　人杰地灵

秀给你看　当然,苏州最引人入胜的是瑰丽多姿的园林,她像无数璀璨的明珠把姑苏城装扮得钟灵毓秀,这富有诗情画意的园林里山光、水声、花香、月影均可供人欣赏,给人以不出城廓而获山水之怡,身居闹市而得林泉之韵的享受。论山石的天趣拙朴,环秀山庄为冠;论建筑的宏伟精深,首推留园;论布局的豪迈气势,应举拙政园;论意境的神奇绝妙,当属虎丘……历史悠久的苏州留下了多少人文古迹和美丽动人的传说,充满诗的色彩和画的意境。

6. 众口铄金　〔众口烁金〕
　　——众口一词可以"融化"(铄)黄金

汉语拼音　众口铄金 zhòng kǒu shuò jīn

汉语释义　铄:熔化。形容舆论力量大,连金属都能熔化。

结构用法　主谓式,可以作谓语。

字词PK　"铄",销金也,形声字。金字旁,即表示与金属有关,本义是指金属物的熔化,如"众口铄金"指的就是很多人所产生的舆论力量很巨大,甚至可以熔化金属物。"铄"作为动词有"熔化、销毁"的意思,可以引申为"毁谤",如:铄金(销熔金属)、铄石流金(使金石熔化。比喻天气酷热难耐,也作"流金铄石")、铄化(熔化)、铄金点玉(熔化金属,玷污美玉)、铄金毁骨(比喻毁谤太多,使人无以自存)、铄绝竽瑟(完全销毁乐器)。作为形容词有"明亮、光明"的意思:铄亮(非常明亮)、铄懿渊积(德行美好,学问渊博)、铄颖(光辉美盛,颖秀突出)。

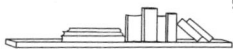

秒杀错别字

"烁",形声字,火字旁,即表示与火有关,其本义是指物体在火苗旁映衬出来的那种发光发亮的样子,所以"烁"的意思就是"光亮的样子",如:闪烁(光亮动摇不定、忽明忽暗)、烁亮(明亮异常)、繁星烁烁(很多星星的光芒在闪烁着)。还可用为动词,意为"摇曳、闪烁"。

近义词语 人言可畏

秀给你看 把这样一个为人民服务的好干部说得一无是处,蒙骗了这么多人,真是众口铄金。

7. 株连无辜 〔诛连无辜〕
——"树根"(株)之间牵连甚广

汉语拼音 株连无辜 zhū lián wú gū

汉语释义 株连:指一人有罪而牵连他人。株,本指露出地面的树根,根与根之间牵连甚多。株连无辜是指一个人犯罪连累了许多其他的无辜之人。

字词PK "株",木根也。本义是指"长大成材的树木",特指"露出地面的树干、树根、树桩",转义成"树木个体(用为量词)"。"株连"指的就是树干与树桩的连系。其基本义有:(1)露出地面的树根,如:守株待兔(比喻妄想不劳而得,也比喻拘泥不知变通)。(2)棵儿,植物体,如:植株、病株、株距(种树或种庄稼时,同一行中相邻的两株植物之间的距离)。(3)量词,用于植物,如:一株桃树、一株花。其动词义是:因与某事有关系而受到坏的牵连、株连,如:株连无辜、株累(株连牵累)、株蔓(株连蔓引)。"株"在汉语中可作为名词、动词和量词。名词中泛指"树木",动词用作"株连",用作量词时表示"树木的数量"。

"诛(zhū)",讨也,形声字。言字旁,即表示与言语表达有关,因此"诛"的本义是指"声讨、谴责、处罚",如:口诛笔伐(用语言文字宣布罪状,进行声讨)、诛心之论(不问其事迹,只就其动机、用心而加以责备的言论,揭露对方的思想和意图)。引申为"杀",一般指杀害有罪之人,如:诛杀、伏诛、罪不容诛、诛暴讨逆(诛杀暴徒,讨伐逆贼叛将)。由"杀"的义项再引申为"消除、剪除"的意思,如:诛锄异己(消灭或消除自己的对立面或意见相左的人)、诛除叛逆、诛灭异端。

秀给你看 我国的任何法律法规都没有可以株连无辜的规定。

8. 惴惴不安 〔揣揣不安〕
——忧惧不安是"心"情

汉语拼音 惴惴不安 zhuì zhuì bù ān

汉语释义 惴惴:恐惧,担忧的样子。形容因害怕或担心而感到不安。

结构用法 偏正式;作谓语、定语、状语;中性词。

字词PK "惴",忧惧也,读为zhuì,形声字。本义是"恐惧、担忧、心里不安、忐忑不安",如"惴惴不安"的意思是心里害怕而感到不安,因此写成"惴"。

"揣"有三个读音,分别为chuāi、chuǎi和chuài,提手旁,与手的动作有关,其意思是:(1)藏在穿着的衣服里,读为chuāi,比如天寒地冻的时候我们喜欢把手"揣"在口袋里,另外,老百姓有一句话叫做"揣着明白装糊涂";(2)牲畜怀崽,如:母猪揣崽儿;(3)估计、忖度,读为chuǎi,如:揣测、揣度、不揣冒昧;(4)挣扎,读为chuài,如:囊揣、挣揣。

近义词语 忐忑不安　惶恐不安　心慌意乱

反义词语 心安理得　悠然自得

秀给你看 我心里没有底,去见这么有名的人物,我是又高兴,又着实地惴惴不安,还真有点心中打鼓。

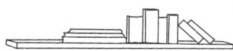

141

秒杀错别字

成果测评

试着找出下面这篇文章中的错别字,并改正:

2002年夏天,迫于生计,我来到这个城市的一家作文培训机构兼职谋生。这家机构在这座城市十分有名,虽然才开办了两年,但发展非常迅速,需要招聘大量教师。我按照他们要求的时间和地点,来到一个按装了空调的教室,里面已经挤满了应聘者。

招聘会由校长亲自主持。他是一个受人爱带的长者,牙齿洁白,戴着一副金色的眼镜,眼里闪铄着敏锐的光芒。我知道,像他这样的人,随身之物肯定都是泊来品。果不其然,他的眼镜就是产自德国。这时,他开口说话了。"欢迎大家来到这里,我们的第一个环节是请大家作自我介绍。"求过职的人都知道,招聘的方式都是丰富多采的,一听是"自我介绍",大家的心里都在嘀咕,"这场招聘肯定是按部就班的。"

"自我介绍"也不是那么容易对付的,里面包含的东西也还不少。虽然校长和霭可亲,但除了三个人之外,其余的都被淘汰了。这三个人,其中就有我。这时,校长和言悦色地对我们说,"我们的下一个环节是试讲,我们需要招聘的是作文老师,试讲是关键。三位也不要紧张,这不是一般意义上的搏弈,而是一个展示自己才华的机会。"说完后,就做了一个手势,然后箴口不言。三人中,我和我同学都是在校学生,文字功底都不错,甚至能把一些文字写得流光异彩。另一位也来自我们学校,学音乐的,不过他是大高个,肌肉发达,旅力过人,说起话来声若洪钟。

试讲每个人 5 分钟,15 分钟之后,我们都结束了自己的讲课。这时,校长发话了,"你们三个人都不错,皆能言善辨,也能旁证博引。我们招聘的原则是宁缺毋烂,在你们三个之中,我们只选择两个。"校长说完,扫了我们一眼。我从他的眼睛里看到了拒绝的目光,这让我心跳加速。这时,校长又发话了,"这位大个子,我们这里的是学校,我们在招教师,你的普通话说得不是太好。"听到这里,我和我同学都松了一口气。

这时,这位大个子仁兄说话了,看架势,他已经准备破斧沉舟了,"校长,我的表达绝对不成问题,普通话也是过了二甲的,达到了国家对语文老师规定的语言要求。您要是不信,我回去把我的普通话的二甲证书找来,您看看。""哈哈哈!"在场的人都情不自尽地笑开了。

参考答案:

1. 按装→安装;2. 爱带→爱戴;3. 闪铄→闪烁;4. 泊来品→舶来品;5. 丰富多采→丰富多彩;6. 和霭可亲→和蔼可亲;7. 和言悦色→和颜悦色;8. 搏弈→博弈;9. 箴口不言→缄口不言;10. 流光异彩→流光溢彩;11. 旅力过人→膂力过人;12. 能言善辨→能言善辩;13. 旁证博引→旁征博引;14. 宁缺毋烂→宁缺毋滥;15. 情不自尽→情不自禁;16. 破斧沉舟→破釜沉舟

图书在版编目（CIP）数据

秒杀错别字／饶书琼编著. —贵阳：贵州人民出
版社，2013.9（2021.3重印）

ISBN 978 – 7 – 221 – 11282 – 8

Ⅰ．①秒… Ⅱ．①饶… Ⅲ．①汉字 – 错别字 – 辨别 –
中小学 – 教学参考资料 Ⅳ．①G634.303

中国版本图书馆 CIP 数据核字（2013）第 201348 号

秒杀错别字

饶书琼　编著

出版发行	贵州出版集团　贵州人民出版社
地　　址	贵阳市中华北路 289 号
责任编辑	徐　一
封面设计	连伟娟
印　　刷	三河市腾飞印务有限公司
规　　格	850mm×1168mm　1/16
字　　数	120 千字
印　　张	10
版　　次	2014 年 7 月第 1 版
印　　次	2021 年 3 月第 2 次印刷

书　号：ISBN 978 – 7 – 221 – 11282 – 8　定　价:26.00 元

"快乐阅读"书系首批书目

语文知识类

秒杀错别字

点到为止
　　——标点符号的正确使用

当心错读误义
　　——速记多音字

错词清道夫

巧学妙用汉语虚词

别乱点鸳鸯谱
　　——汉语关联词的准确搭配

似是而非惹的祸
　　——常见语病治疗

难乎? 不难!
　　——古汉语与现代汉语句法比较

作文知识类

议论文三步上篮

说明文一传到位

快速格式化
　　——常见文体范例

数学知识类

情报保护神——密码

来自航海的启发——球面几何

骰子掷出的学问——概率

数据分析的基石——统计

文学导步类

中国诗歌入门寻味

中国戏剧入门寻味

中国小说入门寻味

中国散文入门寻味

中国民间文学入门寻味

文学欣赏类

中国历代诗歌精品秀

中国历代词、曲精品秀

中国历代散文精品秀

语言文化类

趣数汉语"万能"动词

个人修养类

中国名著甲乙丙

世界名著 ABC